MUSAEA JAPONICA ⑨

カシミール・ショール

変化するペイズリー文様

平山郁夫シルクロード美術館＝編
道明三保子＝監修

山川出版社

はじめに

私は以前からペイズリーという模様を知ってはいましたが、日本の勾玉のような、木の葉のようなとは思っていても、深くは考えていませんでした。

話は、一九八〇年頃、知人の小川貞夫青年(彌生画廊代表)がアフガニスタンのバーミアンの市場で毛皮を包むきたない織り布に出会ったことから始まります。小川青年はそのきたない布の素晴らしさに注目し、なんとかその布を安く譲ってもらったそうなのですが、その布がインドで織られているということを聞きつけ、今度はインドのニューデリーに飛び、あるショール屋でそれがインド北端のカシミール地方のスリナガルで織られていることを教えられたそうです。その後、改めてスリナガルに行かれたのですが、初めはなかなかその布が見つからず、あきらめて帰ろうとした頃、「ショー・ブラザーズ」という店の飾り棚にその布が掛かっているのを見つけて、心底ほっとしたそうです。

このような経緯を聞き、私は一つのものを追い求める男の執念に感動しました。私たちは小川青年と一緒に、カシミールだけでなく、ショールの材料である毛をもつ山羊を見に、海抜四〇〇〇メートル以上の地ラダック(チベットと国境を接するところ)まで足を伸ばしました。平山も私も少々ショールマニアになったようです。

このショールを見て感動する人が多く、文化女子大学の道明三保子先生、講談社の清水元彦氏、大崎文子姉たちの応援もあって、一九八四年、講談社から『カシミール織』という本を出すことができました。勿論この本が出来たのは小川青年のおかげと、今でも感謝しております。

ペイズリー模様のことですが、スリナガルの人に聞くと、それはチナール(スズカケノキ)が風にそよいでいる形というのです。生命の木が変形していったのでしょうか。カシミールショールのデザインは私たちの想像を超える素晴らしいものです。私は、周囲に大自然しかない研ぎ澄まされたカシミールの人たちの感覚が、木、花、蔓草、雑草、物、空気のいぶきを見事に捉えて、布に織り込んでいるように思えるのです。

二〇一〇年二月

平山郁夫シルクロード美術館　館長　平山 美知子

カシミール、スリナガル、ダル湖風景

ショールを織る115歳というハリル・ミール老人

パシミナを紡ぐ女性達

ラダックの山並み

平山郁夫スケッチブック カシミールの旅から

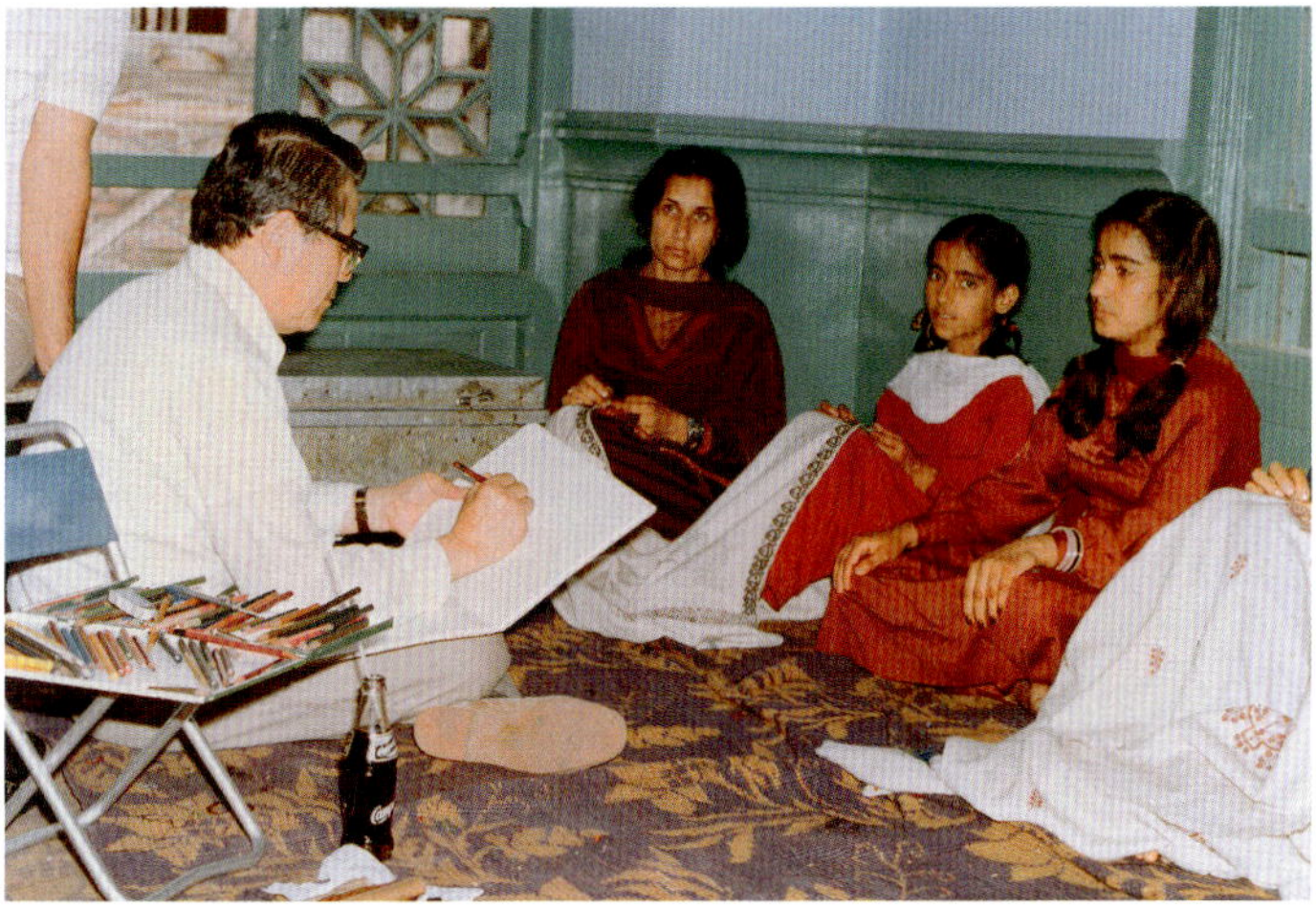
刺繍工房でスケッチする

カシミールショール
——変化するペイズリー文様　もくじ

＊掲載資料は平山郁夫シルクロード美術館所蔵のものであり、2010年3月21日から5月31日まで同館で開催された「カシミールショール——変化するペイズリー文様」展に出品された。

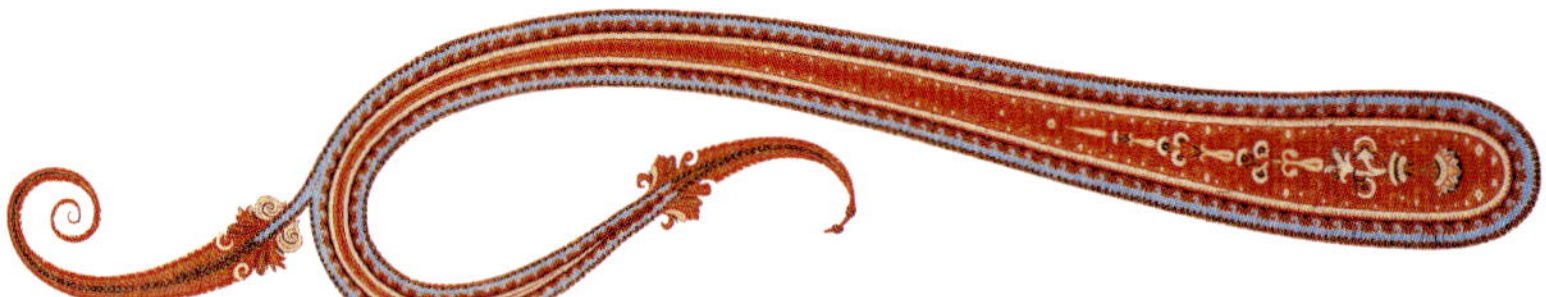

カシミールショール　変化するペイズリー文様

カシミールに咲く花
（平山郁夫スケッチブックより）

第1章
インド、カシミール地方

カシミヤ山羊の群れと山々　ラダック　スタクモ村近郊

カシミールの風土

カシミールはインド北西部に位置し、面積は約二十二万平方キロ、日本の本州よりやや小さい。ジャム、ラダック及びカシミール渓谷の三地域から成り、州都はスリナガルで冬季にはジャムに移る。西北から東南にかけて全長が約一四〇〇キロのカシミール渓谷にはジェラム河が流れ、北東にはヒマラヤ山脈の氷壁がそびえ立つ。これに平行していくつもの山脈が走る南西部の平原部を除けば、ほとんどがカラコルム山脈に連なる山岳地帯である。この地域にはバラやシャクナゲが溢れ、山羊、羊などが群れている。

気候は平原地帯から北東の山岳地帯に向かうにつれ内陸的となり、気温は低く降水量も減少する。スリナガルの平均気温は一六度、年間降水量は六五〇ミリ、山岳地帯のレーで平均気温五度、年間降水量一〇〇ミリである。農業は米を主にし、ほかにトウモロコシや小麦を作り、リンゴ、胡桃、アンズなどの果物も豊富である。壮麗な山岳の景観や冷涼な気候に恵まれ避暑地として知られる。風光明媚な景観、花々や果実の豊富な環境がカシミールショールを育んだ。

ショールを川で水洗いして仕上げている
スリナガル

スリナガルへ向かう途中　ベルガンの風景

レーからスリナガルへの途上　ラマユル

カシミールの歴史

カシミールの歴史は、当初、仏教と共に歩みを始め、マウリヤ朝のアショーカ王（在位前二六八頃〜前二三二頃）がこの地にストゥーパを建てた。現在でも四世紀頃の建立とされる仏教寺院の遺跡が残っている。その後はヒンドゥー教国となるが、一三四〇年頃にイスラム教徒のスルタンによって支配され、イスラム時代を迎える。

〈ムガル期　一五八六〜一七五三年〉

一五八六年、カシミールにムガル朝第三代のアクバル帝（在位一五五六〜一六〇五）が侵入し支配した。彼はショールを産業の中心とし、夏の避暑地として離宮を造営し、また交通のインフラ整備もおこなった。その結果、この地には様々な文化が行き交うようになった。

花を持つ貴人　デカン高原　ゴルコンダ地方　18 世紀後半

〈アフガン期　一七五三〜一八一九年〉

一七五三年、カシミールはアフガニスタンのドゥッラーニー朝のアフマド・シャー・アブダーリー（在位一七四七〜七三）の支配下に入った。ドゥッラーニー朝を建てたアフマド・シャーは、アブダーリー部族連合の名前をドゥッラーニーに変え、王朝の名前とした。一七四九年春ヘラートを征服、次いで一七五〇年の春にはホラサーン朝の首都ニシャプールを陥落させた。翌一七五一年には東に向かい、インドのムガル朝から、パンジャブとカシミールを割譲させた。支配者たちはショールと織職人に重い税金をかけ、カシミールの人々を苦しめ、多くのカシミール人が国外に逃れた。

〈シク期　一八一九〜四六年〉

一八一九年、カシミールはランジート・シング（一七八〇〜一八三九）によってシク王国の支配下に置かれた。シク教徒のシングが統一したシク王国は、インド人による最後の独立王国で、ラホールを首都とした。シングの死後は、後継者争いに端を発し、シク王国は急速に分解し、イギリスとの二次にわたるシク戦争に敗れ、イギリスのインド征服を完成させた。シク教はヒンドゥー教とイスラム教を融合した宗教で、カースト制度を否定し偶像崇拝を禁止した。シク教徒は現在もパンジャブ地方に多数居住し、ターバンをかぶり髪を切らず髭を伸ばす風習で知られる。

カシミールショールの腰帯をするアフガニスタンの兵士　19世紀

〈ドグラ期　一八四六〜七七年〉

一八四六年の第二次シク戦争でシク王国がイギリスに破れ、カシミールはイギリス東インド会社に帰属する。同年、ジャム地方の藩王、グラブ・シングは同社からカシミールを購入し、同地を再びヒンドゥー教徒の支配下においた。カシミールはもともとイスラム教を信奉するカシミール人によって主に構成されていたが、ヒンドゥー教徒の藩王に支配される藩王国となり封建的な支配が続いた。ショール産業は繁栄したが、職人たちの過酷な生活が続いた。一九四七年のインド・パキスタン分離独立後、カシミールは両国の間で帰属が争われて係争地となっている。

カシミールの文化

カシミールは古くから交通の要衝地で、古来シルクロードの隊商路に通じ、スリナガルから東へ向かうとチベットやネパール、西へ向かうとカシュガルに至り、様々な国の産物や情報などが行き交った。

古代文化の中心は仏教であった。前三世紀、マウリヤ朝のアショーカ王によっていち早く仏教が取り入れられ、クシャーナ朝のカニシカ王の治世には仏教は本格的に浸透していく。やがて、中国からの入竺求法僧、玄奘もこの地に足跡を残し『大唐西域記』の中で当時のカシミールの状況を記している。

カシミールはその後、長い間ヒンドゥー文化の中心地として栄えたが、十四世紀初めのモンゴルの侵攻後次第にイスラム文化圏になった。ムガル朝時代にはサファヴィー朝ペルシアとの文化交流が盛んで、ペルシア文化が流入し、ペルシア語が公用語となった。ムガル朝では典雅なミニアチュール(細密画)が発展し、インド・イスラム建築を代表する霊廟タージ・マハルが建てられたが、こうしたムガル朝の文化的影響もカシミールの文化に取り入れられた。今日、住民の大部分が信奉するこの地域のイスラム教は、スーフィズムやヒンドゥーの影響を受けた非常に独特のものである。一方、チベット圏に属するラダック地方ではチベット仏教が信仰されている。

(大塚裕一)

タージ・マハル　インド　アグラ　17世紀

第2章
カシミールショール物語

ショールを羽織った女性のミニアチュールの絵はがき

カシミールショールとの出会い

平山美知子

人生の中でなにか一つのものとの巡り合いには、不思議な因縁のようなものがあると思います。私たち夫婦がカシミールショールと出会うに至った道程を考える時、なんと不可思議な糸でつながれていることかといつも感じ入るのです。

私たちがそれまでまったく縁のなかったカシミールショールとはじめて接触したのは、彌生画廊の小川貞夫氏が我が家を訪れた一九七七年九月まで遡ります。当時家業を継がれ、画廊の若社長として活躍されていた小川氏が、その日、大きな風呂敷を広げて見せてくださった重苦しい色調の布を取り上げたとき、私はいつになく不思議な圧迫を覚えたものです。カシミール地方で織られたショールだということでした。それは一般にショールと称されているものにくらべ相当大判で、布全体に絡み合った蔓草やペイズリー模様のデザインの大胆さ、斬新さに息をのみました。さらに小川さんから促され布の裏を見て、もう一度驚きました。鮮やかな色糸が複雑に錯綜し、困難な織りの過程がまざまざと示されていたのです。これが私とカシミールショールとの出会いでした。

シルクロードを旅する私たちは、織物に興味はあったものの特別な知識は持っておらず、その時もカシミールショールの複雑なことは解りましたが重要性について真に理解していませんでした。その後、織物の専門家や染織家の方々にお話を伺ったり、自分でも調べたりしていくうちに、だんだんその本当の価値が解りかけてきまし

生まれたばかりの仔カシミヤ山羊を抱く。　ラダック

た。そうなると面白いもので、はじめ大雑把にしか見えなかったものが、次第に細部に目が届くようになりました。大きなペイズリー柄の中に小花が一杯埋まっている……このように精巧なものを作ったのはどんな人なのか。そんなことを想像しながら布を広げるのが楽しくてならないのです。

私のカシミールショール熱は年々高まりました。その思いが高じた一九八一年七月、小川氏の案内でついに私たちはインドのカシミール、ラダック地方に足を踏み入れたのです。カシミールショールはヒマラヤ西麓に位置するカシミール州の州都スリナガル周辺で作られた布です。スリナガルは海抜一七〇〇メートルの高地で、ダル湖の周辺に広がる美しい町です。そこでは小川氏と一番多く取引のあるショー・ブラザーズという店でショールを買うことになりました。小川氏はそこで丁々発止の値引き交渉を繰り広げ、私はその援護にまわりました。そんなことをしているうちにご馳走が次々と運ばれ、やがて交渉の方も成立、一同揃って賑やかに食事となります。こうした現地の商人たちとのスリリングなやり取りも忘れられない思い出です。

この旅で私はショールを織っている現場を見たいと強く思っていました。いったんは断られたものの、思いがけずパシミナ・キング・ショール工場へ連れて行ってもらうことができました。休日の工場では急遽集められた職人たちが無地の布を織っていました。そんな中、一番奥まった小部屋で老人が一人で

ショール工場で85年間働いている115歳というハリル・ミール老人　スリナガル　1981年当時

模様織りをしていました。その老人はハリル・ミールという名で一一五歳だということです。彼は織物に顔を擦り付けるようにして、色糸を巻きつけた何十本もの管で経糸をすくう作業を黙々と続けていました。傍にある小さな紙切れに織り方が書いてありますが、それはなにかの記号のようで私たちにはさっぱり解りません。耳も目もあまり良くないらしく受け答えも要領を得ませんでしたが、何十年もじっと座って織り続ける老人の姿に畏敬の念を抱かざるをえませんでした。

この時は、もう一つの念願であったカシミールショールの原料であるカシミヤ山羊を撮影することは叶わず、実現したのは一九八三年、二回目のカシミール・ラダック取材旅行の時でした。はたしてカシミヤ山羊と会えるかどうか不安に満ちた旅立ちでしたが、偶然にも最初に降り立ったニューデリーでカシミールショールを羽織った女性のミニアチュールの絵はがき(第二章扉絵)を見つけ、この旅がうまくいきそうな予感がして、とても嬉しく思ったものです。

ニューデリーからラダック地方の町レーへの直行便は天候不順では飛び立てず、予定は二転三転した結果、スリナガルからレーまで四二七キロの道(昔は三十日から四十日かけて歩いた道)を、自動車で二日間で走破することになりました。三~四〇〇〇メートル級の山道は細く曲がりくねり、七月だというのに雪があちこち残っています。最大の難所ゾジラ峠は雪壁が道の両側にそびえ、滑る恐怖で運転手が動け

ショール工場の職人たちと記念写真　中段左から３人目が小川氏

なくなったこともありました。時間が惜しく、夕食は携帯食と水で済ませ、朝は三、四時間程度の睡眠で出発し、なんとか二日目の夕方にレーの町へ走りこみました。

ラダック地方ではチベット仏教が信仰されているため、どの村にもゴンパ(チベット仏教寺院)があります。翌朝レーから三〇キロ郊外のスタクモ村に行き、平山がひっそりとしたゴンパを写生していた時、偶然にカシミヤ山羊の大群に出会いました。ヒマラヤの雪山を背に岩場を駆け回るカシミヤ山羊を追って、私は夢中でカメラのシャッターを押し続けました。カシミヤ山羊を見たという実感で私は満足でした。

スリナガルへの途中のラマユルにて　平山郁夫・美知子夫妻

二回目の旅で再びスリナガルのパシミナ・キング・ショール工場を訪れた時、ハリル・ミール老人はすでに亡くなっていました。彼の技術を受け継ぐ人はいないのか、この時工場で作られていた布は、すべて無地の綾織りに型を押し刺繍を施したものでした。この方が複雑な模様織りよりも手間も時間もかからず、よく売れるのでしょう。工場はとても活気がありましたが、私は残念に思えてなりませんでした。

かつてカシミール、ラダックの地ではひたむきな人々が美しい風景と美しい樹木や花々に囲まれて、いかに美しく精巧なものを作り上げるかを競い合ったことと思います。現代文明が進んだ世の中で、なぜカシミールショールのような高度で美しいものが作り出されないのか、現地を訪れてわかったような気がします。私たち現代人がとうに失ってしまった豊かな時間と敬虔な祈りの心、それこそがカシミールショールを生み出す原動力だったのではないでしょうか。

カシミールショール概観

カシミールショールとは、インド西北端のカシミール地方でカシミヤ山羊の毛で織られたショールのことで、最初、インドでは王侯貴族がもっぱら用いた。十九世紀初頭からヨーロッパに輸入されると上流の女性にもてはやされ、やがて一般にも普及し女性のファッションの流行を彩り、アジアとヨーロッパの双方で織られるようになり多様な変化をとげた。

この英語のショール shawl の語源はペルシア語のシャル shal で、一枚の大きな布を意味した。織り上げた一枚の布は、裁断も縫製もしないで肩掛け、マント、ヴェール、毛布と気候や寒暖に合わせて様々に用いることができ、アジアの衣服の原点の一つともいうべきものである。インドやヨーロッパでは、主として肩掛けとして用いられたが、幅が狭ければ腰帯に使われ、また衣服の生地とするものもあった。

極上の素材

カシミールショールが世界的な名声を得たのは、その魅力的な文様、精巧な綴織《つづれおり》や刺繍などの技術、特にカシミヤ山羊の毛の高品質の素材などによるものであった。

カシミヤ山羊の長い剛毛の根元には、冬を迎えるために秋になると短い柔毛が生え、春になると脱毛する。この柔毛を用いたカシミールショールは独特の柔らかい手触りや滑らかさ、光沢があり、非常に軽くて暖かく、他の毛織物にない優れた風合が高く評価された。

とりわけ十七世紀のムガル朝のカシミヤは極細で軽く、薄く織られた精妙な風合は群を抜く。十八世紀〜十九世紀初めのアフガン朝のカシミヤがこれに次ぎ、糸が細く薄地に織られ、以後次第に糸が太く厚地のショールとなる。やがて両面織が出現し、やや薄地に織られ小型で軽くなる。

ショール用の原毛の多くはチベットや中央アジアなどの産地から交通の要衝の地であるカシミールにもたらされたもので、カシミールは上質の原毛が容易に入手できたため、ショール産業が発展をとげたのである。

パリ万博（1889 年）出品のミニアチュール　カシミールショールの製織風景　織機には赤と縞の経糸が掛けられ 3 人の男性が並んでひたすら織っている。周りにはのんびりと水煙草を楽しむ女性やおもちゃで遊ぶ子供が描かれている。

ミニアチュール　カシミールショールの仕上げ作業　中央では職人たちがショールを広げ、表面をこする道具を手にして起毛やなめらかさの効果を加えている。左右ではショールを踏んだり叩いたりしている。

パシミナの選り分け作業をする女性　スリナガルのショール工場

職人の過酷な労働　一枚のショールは一〇人以上もの専門職人の分業によって作られた。糸紡ぎは女性の手により家内工業としておこなわれた。経糸には双糸が使われ、整経、経糸の糊付け、機仕掛《はたじか》けなどそれぞれ専門職人にゆだねられた。最も賃金が高かったのはデザイナーで、カシミールの五〜六家族に限られた仕事であった。意匠図の色付けや織職人が解りやすいように省略記号で意匠をあらわす作業も分業でおこなわれた。織職人は普通男性で、職人の中で最も安い賃金で働き、しかも人頭税のほかショール一枚に二五%も課税され、代わりを見つけないと仕事もやめられなかったという。過酷な労働条件のため他の地方に逃れ、その地でショールを織るものも多かった。

技術の開発　カシミールショールは二/二綾組織《あやそしき》の綴織で織られ、緯糸《ぬきいと》を通すのに杼を使わず細い木製の管、トジュリ tojli に四〇〇〜一五〇〇本もの種々の色糸を巻き付けて用い、一枚仕上げるのに一年以上もかかった。十九世紀以降製作時間の短縮の工夫がなされた。その一つがパッチワークショールで、二台以上の織機を用いて部分ごとに分担して一枚分を織り、これを縫製師が一枚にはぎ合わせる方法である。刺繍の技法は一八〇三年にトルコの貿易会社からカシミールへ派遣されたアルメニア人、クワージャ・ユースフによって導入され、三分の一のコストで売り出されたという。しかも織りのショールに課せられる税金を免れることができたため急速に大量に作られるようになった。一八二〇年頃には五〇〇〇人もの刺繍職人がいたが、その大部分は一八一九年、カシミールがシク王国に併合された際、財産を奪われた地主たちであった。

ペイズリー文様の誕生と変貌

ショールには今日ペイズリー文様と呼ばれているモチーフが織り込まれていた。どこか謎めいて、複雑な曲線のリズムと濃く深みのある色調が人々の心をとらえるペイズリー文様は、その無限のヴァリエーションの中に、常に胴部のふくらみが次第にすぼまり尖った先端がしだれて美しい曲線を描く基本形が隠されている。高価なカシミールショールを輸入していたヨーロッパでショールが模造されるようになり、大量生産で成功したのがイギリス、スコットランド地方の町ペイズリーであった。やがて人々はショールのことをペイズリーと呼び、ショールファッションがすたれてからは、ペイズリーはその文様をさすようになった。

十七世紀のショールの文様は、ムガル朝の自然主義にペルシア風の気品と繊細さが備わった可憐な草花文で根元まで描かれている。これらの花のモチーフはイ

パシミナの糸を紡ぐ。 パシミナを紡ぐには10代のしなやかな女性の手が向くという。

ンドやイランではブータあるいはボテと呼ばれる。ペルシア語のボテは潅木とか植物の茂みを意味する。ショールに用いた綴織や刺繍の技法は自由にモチーフの形を変えることができ、モチーフのリズミカルな動きを強調し、ますます曲線的になり、花葉が密集した形に集約していく変化を見せた。モチーフの形はさらに複雑となり、地の部分に溶け込んでいく現象を示す。十七世紀の後半に見られた草花文の写実的な要素が少しずつ除かれ、十九世紀の前半には抽象的な植物の集合体へと変化していったのである。その生命体のようなダイナミックな変貌がペイズリー文様の魅力となっている。

ショールに見られる文様は、ペイズリー柄が多いが、そのほかにも縞柄や幾何学的構成の文様、角状のモチーフが唐草のように伸びる文様など変化に富んでいる。またヨーロッパでは棕櫚《しゅろ》のモチーフや建築的な構成、オリエンタリズム的な主題など独特の様式が生まれた。

産業交流の歴史　カシミールショールの創始者は優れた統治者であったザイヌル・アビディーン(一四二二〜七四)とされている。彼はトルキスタンからナカド・ベグという名工を連れてきて、ショール織りの技術を移植させたと伝えられている。

ムガル朝(一五二六〜一八五八)のアクバル帝はショールの熱烈な愛好者で、衣装室はショールでいっぱいであったといわれ、贈答品として遠方の国々へ贈られることも多かった。この頃のショールは金銀糸で装飾され、二枚を背中合わせにして縫い合わせ、裏側が見えない工夫がなされ、装飾文様は両端にのみ施された。この頃から次第にヨーロッパへ輸出され、知られるようになり、一八〇〇年頃までにヨーロッパとのショール貿易が定着し、やがてヨーロッパ市場の好みに合わせて作られるようになった。インドの花形輸出商品であったカシミール

ペイズリー文

ショールは、ヨーロッパばかりでなくトルコ、ペルシア、アフガニスタン、中央アジアなどへも輸出されていた。またペルシアでもカシミールショールが盛んに製作され、一八二五～五〇年頃にはペルシアにおける生産が活発になり競合するようになった。一八五〇年にフランス人の仲買人が初めてカシミールをおとずれ、フランスのデザインによる製作を指示し、以後デザインの面においてヨーロッパ人が積極的に介入するようになった。一八六〇年にはカシミールでは両面織のショールが作られ、文様の輪郭は刺繍でなされた。一八五〇～六〇年はヨーロッパへの輸出は従来の二倍となり市場は活況を呈したものの、一八六〇～七〇年には市場が突然縮小された。理由は、すでに品質が良く価格も低く押さえられたヨーロッパ製ショールがリヨン、ペイズリーなどで大量に生産されるようになり、その競争に敗れたからである。さらに一八七〇～七一年の普仏戦争の影響でフランスのカシミールショール市場が閉鎖され、一方、女性のファッションとしてもショールが廃れてしまい、これに追いうちをかけたのが一八七七～七八年にカシミールを襲った大

意匠図と記号化されたデザイン　読み上げられるデザインの記号に従って織り進める。同じデザインを同時に２台で織ることもできた。

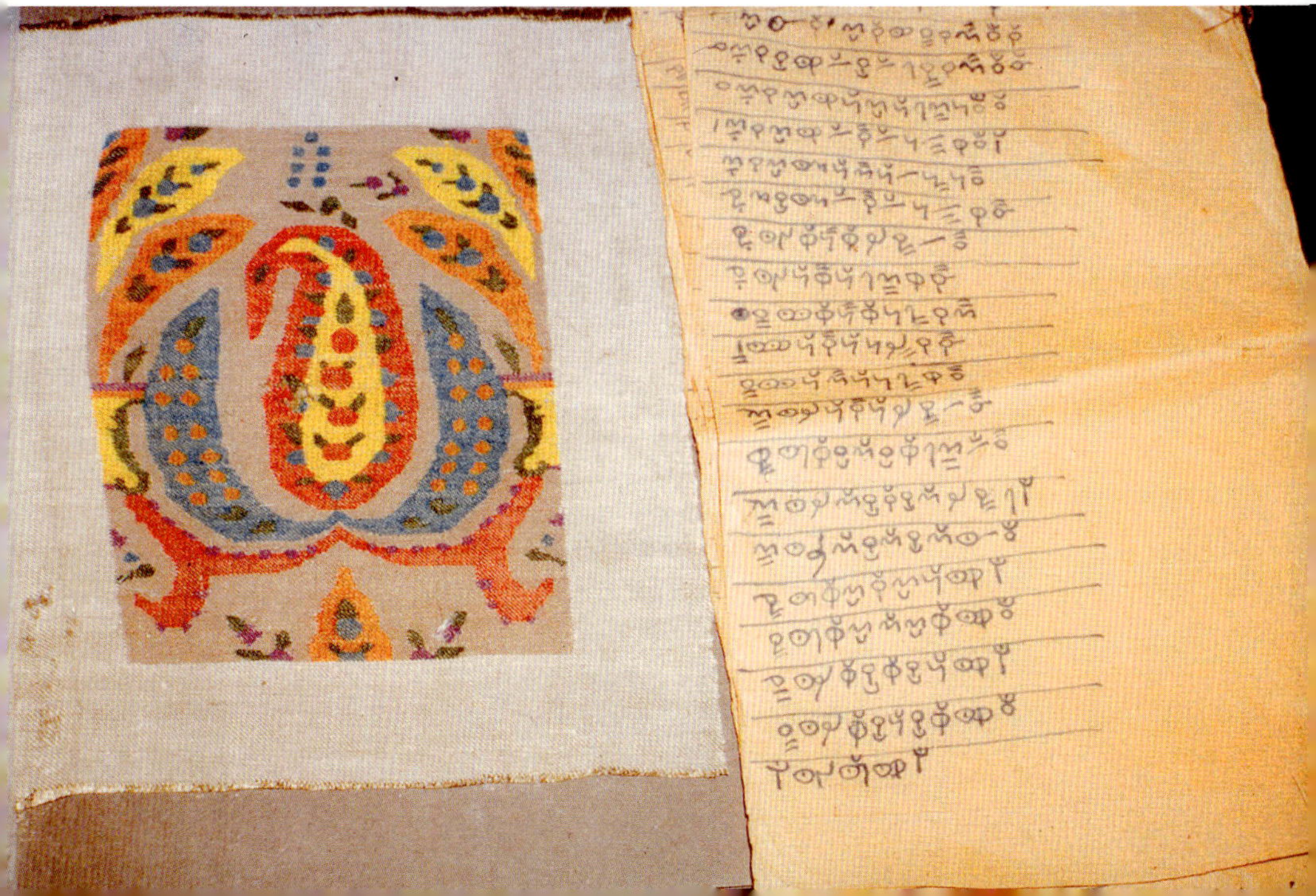

飢饉で、ショール産業は衰微の一途をたどった。
それにもかかわらずペイズリー文様は、世界中の人々に最も愛好される文様として、ショールにとどまらず様々な服飾やインテリアの分野で使われている。カシミールショールの歴史とペイズリー文様の生成発展は、十九世紀を中心としたアジアとヨーロッパを結ぶ産業交流史、文様史、織物技術史、モード史の流れの中で最も興味深いテーマの一つとなっているのである。

本書所載の資料はすべて、平山美知子館長のカシミールショールに対する並々ならぬ情熱によって収集されたものである。収集の初期は十九世紀後半のものが多かったが、その後も各時代の資料を積極的に集め、十七世紀の逸品や万博出品作などの名品、「狩猟文ショール」や「船文ショール」「ミニアチュール風ショール」など白眉の作品が続々と収集され、いまや世界有数のコレクションとなったといえるであろう。
カシミールショールは、気の遠くなるような時間をかけて、神技としか思えないような綴織や刺繍の細かい手作業でうめられた布である。宗教的境地ともいうべき無私の精神に支えられているような工匠たちの仕事ぶりには、現代人の計り知れない時間や仕事の観念が貫かれている。本書はこのような神秘的ともいうべき工芸美の世界への扉を開くものとなろう。

（道明三保子）

第3章
カシミールショールの技術と文様

ショールの色糸を巻く管トジュリ
スリナガル　ショール工場

カシミールショールの素材

〈カシミヤ山羊の繊維〉

現在、繊維用語として「カシミヤ」といえば素材をあらわす言葉で、我国の「家庭用品品質表示法」の指定用語にも定められている。カシミヤ繊維はアジア大陸の四季の寒暖の差が激しい内陸部の高地や山岳地方で飼育されているカシミヤ山羊 Capra Hircus Laniger のうぶ毛である。これらの地方では冬季の気温が氷点下約三十度程度にまで下がり、山羊の身体には厳冬から身を護るため表面の粗い毛の下に非常に細いうぶ毛が生える。このうぶ毛がカシミヤ繊維である。これらの地方では夏場にはかなり気温が上昇し、山羊のうぶ毛も春になると自然に抜け落ちる。カシミールショールの著名な研究家であるジョン・アーウィンは、十七世紀頃のカシミヤ山羊には野生のものと家畜のものがあり、野生のものはアースリトゥースと呼ばれその繊維は極めて細く家畜のものより高級とされたと述べている。春のうぶ毛が抜ける気候になると山羊は身体が痒くなって樹木や岩に身体をこすり付けてうぶ毛を落とし、その落ち毛を住民が拾い集めたという話がある。現在は春先うぶ毛が抜け落ちる前に牧民が熊手のような器具で山羊の身体から梳《す》き取って採集するのが一般的となっている。また、その後の工程も機械化されている。

カシミヤ山羊　中国

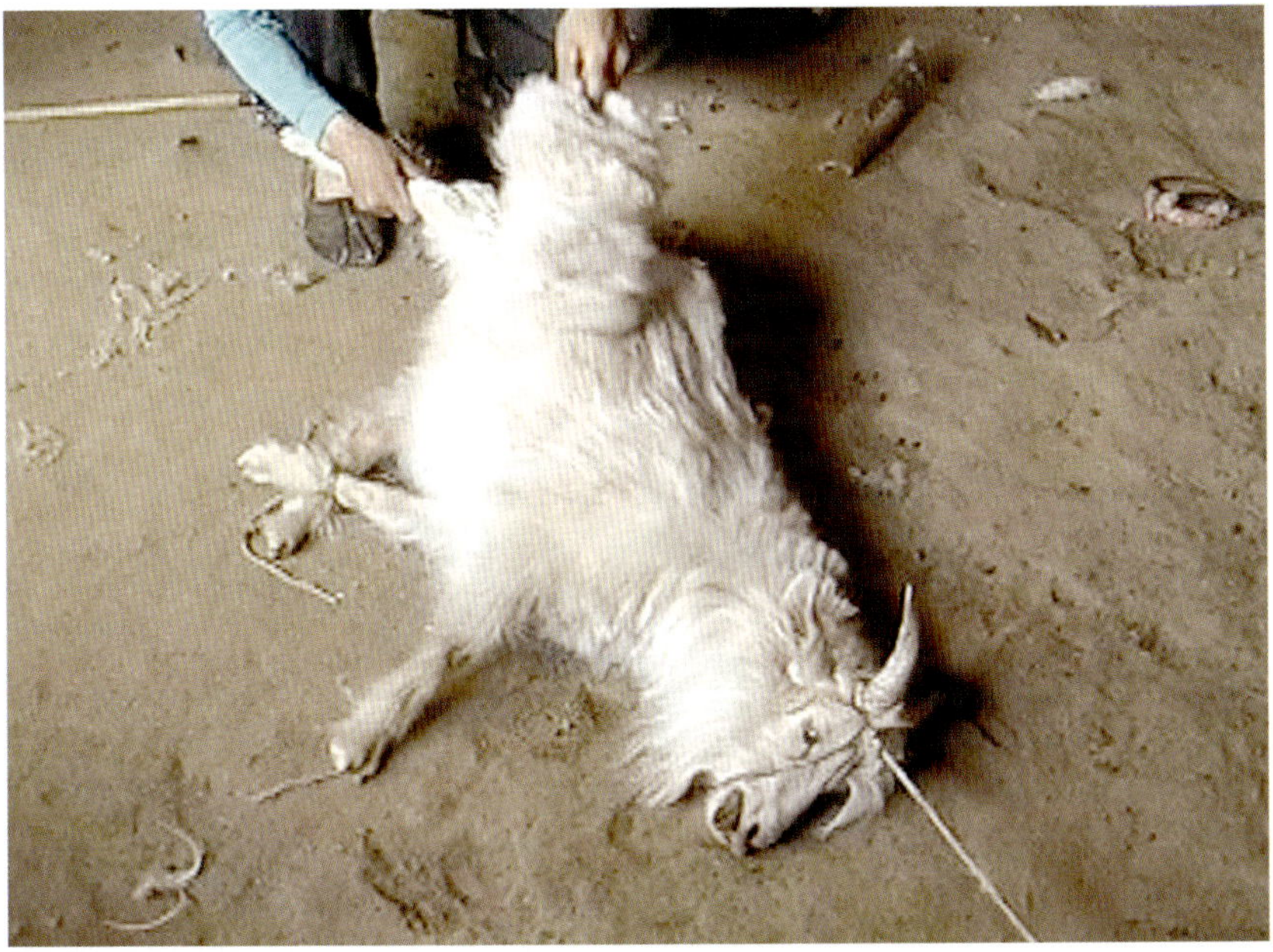

カシミヤ山羊の毛を梳き取る。 中国

毛を梳き取る道具　中国

〈素材鑑定〉

カシミヤなど獣毛の鑑定は顕微鏡(光学顕微鏡または電子顕微鏡)を使った目視検査によりおこなわれる。近年ＤＮＡや蛋白質分析による新たな分析技術も開発されつつあるが今のところ信頼性において劣り、顕微鏡法による鑑定が国際標準となっている。

カシミヤや羊毛など動物繊維の表面は鱗《うろこ》状のスケールに被われている。カシミヤ繊維の特徴はスケールが薄く、スケールとスケールの間隔が広いため、触った感触が非常にデリケートで柔らかなことである。カシミヤ繊維は細くて長く繊維表面がなだらかで綺麗なものを上質とするが、現在では中国内蒙古自治区産カシミヤが世界最高品質とされている。しかし近年世界的にカシミヤ製品に対する需要が増大するなかで一頭当りの収穫量を増やすため、身体が大きくて毛が粗い山羊との交配も進んでおり、表面形状が乱れたカシミヤ繊維が多く見られるようになった。今回の平山コレクション中のカシミールショールの鑑定結果、カシミールで製作されたショールの素材は典型的なカシミヤ山羊のうぶ毛の特徴を有し、まぎれもなくカシミヤ繊維であることが判明した。現在、このようにカシミールで当時利用されていたようなきれいな形状をもつ上質のカシミヤは希少となっている。ただ、一部でいわれていたように、現在のカシミヤと比較して繊維が特別に細いという特徴は見られなかった。伝統的なカシミヤ繊維の直径は十四～十六μ(ミクロン)とされているが、近年交配種の太い毛が増えてきているため、カシミヤ業界では太さの上限を定める国際的基準を検討中している(既に米国では平均直径十九μ以下のもののみをカシミヤと認定)。

カシミヤと混同しやすいものにチベットの海抜四〇〇〇メートルを越える高原に生息するチルーとよばれる野生のチベット・アンテロープ(カモシカ類)があり、その毛はカシミヤよりもさらに細く、古くからシャートゥース Shah tus と呼ばれショールの原料として珍重されてきた。チルーは夏季でも寒冷な高山に生息するため、その毛は年間を通じて抜け落ちない。そのため射殺して毛を採集するが、一時乱獲により個体数が激減したため、

電子顕微鏡写真（倍率 1000 倍）

17 世紀のショール（p.49）の緯糸　スケールが薄く綺麗でカシミヤ独特の表面形状をもつ。

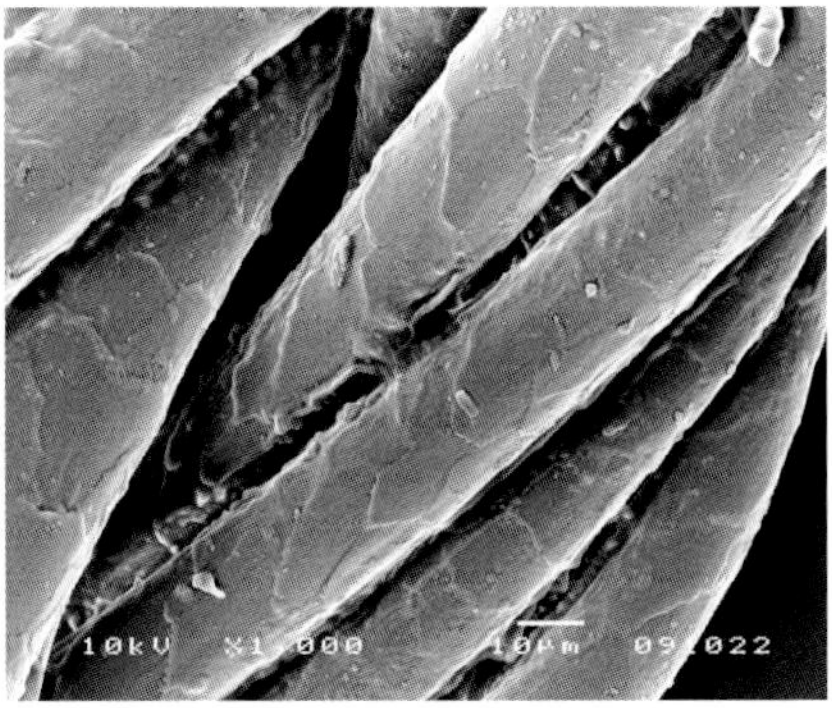

ペルシア製ショール（p.110）の緯糸　カシミヤ繊維ではあるがかなり太い。

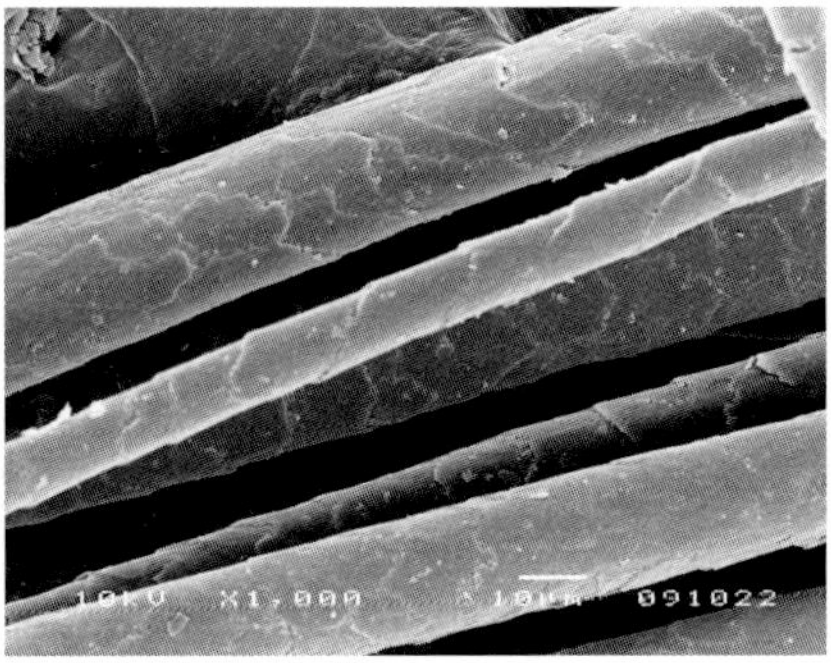

19 世紀後半のショール（p.72）の緯糸は経年変化により表面スケールが磨耗しているものの、綺麗で典型的なカシミヤ繊維の特徴を残している。

19 世紀にヨーロッパで織られたショールの毛であるが、カシミヤ、羊毛、シルクが混在している。

現在では野生動物保護ワシントン条約によりその狩猟と取引は国際的に厳禁されている。今回、平山コレクション中の歴史的資料の素材鑑定でチルーの毛は見つからなかった。

なお、現在カシミヤ山羊は広く中国、モンゴル、イラン、アフガニスタン、旧ソ連圏中央アジア諸国などで広く飼育され、世界のカシミヤ原料の約六五％が中国で生産されている。現在カシミール地方でのカシミヤ原料の生産は統計上の意味を持たないほどに小さいものとなっているが、カシミール地方のラダック地区を中心に山羊飼育が続けられ、同地方の主要都市であるスリナガルでは、その毛を利用して今でも全て人手によるショールの生産が連綿とおこなわれている。

〈近代カシミヤ産業の勃興〉

採集したばかりのカシミヤ山羊の毛は刺毛《さしげ》といわれる表面の太い毛と、刺毛の下に生えるうぶ毛が混じっており、その比率はおおよそ一対一である。カシミヤ原料として利用できるのはうぶ毛のみであり、従来は簡単な器具を使って人手でその分離作業をおこなっていたが非常に労力と時間を要する作業であった。

一八七〇年代、カシミールを訪れた英国人事業家ジョセフ・ドーソン氏は羊毛や綿花の精製工程を熟知していたため、この手作業での分離作業を機械的におこなうことができるはずと思い、帰国後羊毛や綿花の加工設備を基に独自の工夫をくわえ、世界初の機械式分離装置を発明した。この工程および製品(分離されたうぶ毛)のことを繊維業界では「整毛《せいもう》」と呼んでいる。その後、ジョセフ・ドーソン氏の所有する企業により製造された整毛を原料として欧州でカシミヤの織物のみならずニット産業が興隆した。

機械式整毛のノウハウは長らくジョセフ・ドーソン社の門外不出の機密として管理され、整毛ビジネスは同社の独占するところであったが、やがて米国や日本においても同様の技術が個別に開発され、世界的近代産業として繊維産業の重要な一翼を担うこととなった。

我国のカシミヤ産業の歴史は戦前に遡り、一九三〇年代とされる。明治維新以降、我国繊維産業はシルクや綿を中心とした繊維製造が中核産業として成長し、羊毛産業も欧米に対応して興隆しつつあった。しかし、カシミヤ整毛の工程は欧米に依存せざるを得ず、当時貴重な外貨流失を防ぐため自国技術によるカシミヤ整毛生産が切望された。現在の東洋紡糸工業株式会社の前身、三島毛織株式会社が当時の綿カード機を基に独自の考案を加えた新式整毛機を開発しカシミヤ整毛の国産化が可能となった。三島毛織は戦前から天津に自社の買付け倉庫を開き、国内には整毛から織物にいたる一貫工程を持ち、和装用のショールに適した微妙な色合いを表現するための低温染色法など独自の技術開発を進めた。

さらに一九七〇年代より原料の主要産地である中国でもカシミヤ産業が勃興した。現在、低価格を強みに量的に中国製品が世界市場で大きなシェアを占めているが、伝統の技術で高品質を強みとする日本や英国の製品やファッション性を強みとするイタリア製品も産業内で重要な地位を占めている。

（清水邦保）

ペイズリー文様の変化

現代の私たちには馴染みのデザインとなっているペイズリー文様は、十七世紀から十八世紀にかけて北インドのカシミール地方で誕生した文様である。ペイズリー文様の発生はペルシアのボテあるいはブータと呼ばれる花模様に求められる。サファヴィー朝（一五〇一～一七三六）のイランでは、人々は野や庭園に咲く草花をことのほか愛し、日常品を可憐な花の模様で装飾した。王や貴族が身にまとう衣服には愛らしい小花文様があらわれ、モスクや絨毯は様式化した植物文様で埋め尽くされた。ボテが出現してのち、ペイズリー文様はわずか二〇〇年のうちに劇的な変貌を遂げていくのである。

〈ムガル期　一五八六～一七五三年〉

ペイズリー文様の最初期の形は十六後半～十七世紀前半に出現する。ムガル期につくられた宮殿壁画の装飾に見られる大地からまっすぐ立ち上がった草花が、そのまま織物の文様にあらわれるようになる。中央部分が無地のショールの両端に、しっかり根をはった一輪の花もしくは一本の茎についた草花の集合体が規則正しく並んで表現される。花の先端は風に揺らいだように一方向にわずかに傾き、のちのペイズリー文を予感させる。この段階では、まだ全体の形はシンメトリーとなっている。

〈アフガン期　一七五三〜一八一九年〉

十八世紀になると、草花のモチーフはしだいに多くの花と葉をつけた小潅木としてあらわされるようになる。根は省略されるも木の根元は大地から生え、卵型の先端は片方に渦を巻き、輪郭の内部は多くの花や葉で埋め尽くされる。この時期のもう一つの特色として、大地から根を切り離された花瓶文様の出現がある。不安定な上部を支えるため壺の下に平らな受け皿が置かれているが、それらは溢れこぼれんばかりにうず高く積まれた花に埋もれてほとんど一体化している。

十八世紀末には、樹下に花文様が発生し、上部にはペイズリー文の肩に背負われるような小文様があらわれはじめる。やがて花文様は上下方に向かって伸びて一体となり、大文様を取り囲む地模様となって形成されていく。こうして一八一五年頃には大文様は背景から切り離され独立した形をとっていき、その他の部分は完全な地紋となる。花の密集化と先端の傾きはさらに進み、文様構成も緻密さを増し、ペイズリー文様の定形が作られた。

〈シク期　一八一九～四六年〉

ペイズリー文様がくっきりと姿を現したと思う間もなく、一八二〇年代には早くもペイズリー文の形や線が他の部分に溶け込んでいく。一八三〇年頃には、地模様とペイズリー文が区別できないほど小花文様で埋まり、一体化して、文様の境界を互いに浸食し合うようにさえなる。内部から蔓草文がペイズリー文を食い破って外側へ流れ出す例さえ見られる。いったん湾曲の度合いを強め、渦を巻いていた先端部分の巻き込みは減退し、ペイズリー文は細く長く伸びて躍動的な曲線文様を繰り広げるようになる。本来の自然な花の姿は完全に失われ、滑らかで幾何学的な要素が強まっていく。ある法則性に従う一方、有機的に絡み合い流動するペイズリー文様は、画面を奔放に乱舞する。

各時代のショールの文様構成や形態はヨーロッパのファッションの推移と密接に関わっている。十八世紀末から十九世紀初頭にかけてヨーロッパの貴婦人の間で席巻した簡素で緩やかなシルエットのエンパイアスタイルは、ごく薄手の白い綿モスリンを素材とし下着に近いドレスであったことから防寒のためのショールが必需品となり、カシミアショール流行のきっかけとなった。続いて一八二〇年代に登場したロマンティックスタイルは大きく膨らんだ袖と締めつけたウエスト、広がったスカートが特徴のドレスで、これに合わせてスカートの膨らみをそこなわないような正方形ショールへ流行は移っていった。

〈ドグラ期　一八四六～七七年〉

一八五〇年代になると、フランスでデザインされたパターンがカシミールに持ち込まれて織られるというケースが出てくるようになり、その結果、西洋の好みが直接反映され、異国情緒に満ちた様々なモチーフが多く出現する。縁がギザギザ状のペイズリー文や、蔓草のように枝分かれし、細長く複雑に絡まり合うペイズリー文は、ヨーロッパの影響であろう。

一八五〇年頃に登場したクリノリンスタイルではスカートが最大限まで広がり、これにともなって大型の長方形ショールが多く製作された。その後スカートの後ろを膨らませヒップラインを強調したバッスルドレスの流行により、ショールファッションは幕を閉じる。というのも大型ショールではバッスルドレスのポイントであるシルエットの美しさを覆い隠してしまうことから、マントやケープの組み合わせが主流となり、ショールは敬遠されるようになったからである。

この後、ショール産業が衰退するまでペイズリー文様に大きな形式上の変化は起こらなかった。こうして一八七〇年頃のヨーロッパにおけるショールの流行の終焉と運命をともにして、ペイズリー文様の展開に終止符が打たれたのである。

（堀内美和）

文様構成

カシミールショールの文様構成は、ショールの形や大きさ、製作技法、ペイズリー文様のモチーフなどとともに、時代ごとに変化しそれぞれの特色がある。ショールの主な使用者であったヨーロッパの女性のファッションの移り変わりからも影響を受けている。

(1)十七~十八世紀のショール。両端に草花文の帯状装飾があり、中央部は無地である。インドの王侯が使用した。

(2)十八世紀末から十九世紀初めのショール。まず両端に初期のペイズリー文の帯状装飾があり、中央部は無地か小さな花模様で埋められる。中央部の縁取りや四隅に小さなペイズリー文が置かれる場合もある。

(3)十九世紀前半のショール。ペイズリー文の帯状装飾を縦横方向にいくつも重ねる。

(4)十九世紀後半のショール。大型長方形で中央

(3)長方形大型ショール
(p.68～69)

(2)長方形大型ショール
(p.54)

(1)長方形大型ショール
(p.48～49)

に無地の部分がある。はぎ合わせが多くあり、地色が部分によって異なる。両端の縁飾りはアーチ形の文様の付いた地色の異なる刺繍の布をはぎ合わせている。四分の一が文様構成の単位となる。文様は複雑なペイズリー文で仕上げに部分的に刺繍を用いることがある。

(5)十九世紀後半のショール。正方形八等分線が文様の骨組となる。モチーフは複雑なペイズリー文。綴織のほか全面刺繍のものもあり、色数も多い。

(6)十九世紀後半のショール。小型の両面織ショールで文様のモチーフも小さくなる。文様構成は大小の帯状装飾に分割される。側面形の種々の小花文様が多く、種々の色の刺繍の輪郭線を用いており、綴の部分はごく簡単な面であらわされている。色数は多いが濃いピンクや紫、ブルーなど目新しい色が多く、おそらく化学染料を使ったものであろう。

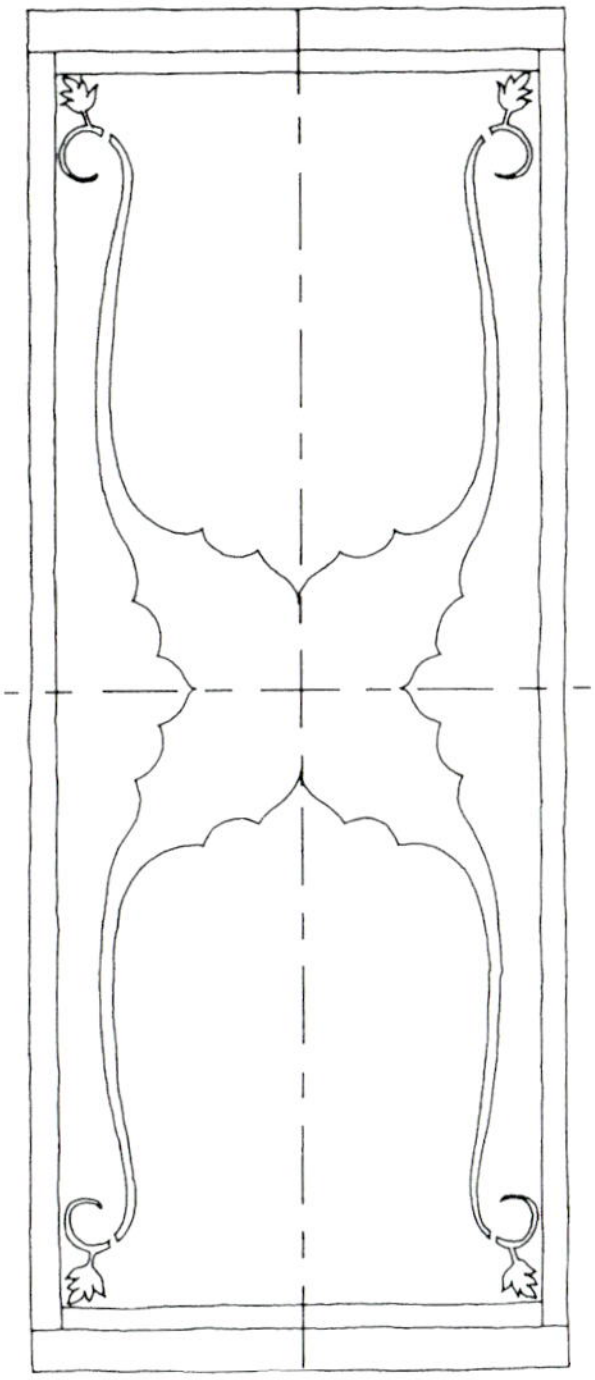

(4)長方形大型ショール（p.72～73）

(5)

(6)両面織ショール　212×89cm

製作技術

カシミールショールは二／二綾組織綴織の織法を用いて織る。一続きに織るショール、カニカル kanikar を仕上げるには多大な時間を要する。そこで十九世紀初め頃から部分に分けて織り、接ぎ合わせることが工夫された。このようなショールをティリカル tilikar という。またコストを下げるために一八〇三年から刺繍によるショール、アームリカル amlikar も作られた。綴織も刺繍も、自由に絵画的に文様の形や色をあらわすことのできる技法で、ペイズリー文様の変化を加速させた。一八六〇年頃にはカシミールでは両面織のショール、ドルカ doruka が作られ、その輪郭は刺繍でなされた。

〈二／二綾組織綴織の織法〉

綾組織は平組織、繻子《しゅす》組織とともに織物三原組織の一つで、斜文《しゃもん》組織ともいう。経《たて》糸あるいは緯《ぬき》糸の浮きが斜め方向に連続して綾線《あやせん》(斜文線)を作る。この組織は、経糸と緯糸が一本おきに互いに上下に交差して組織された平組織に較べて組織が緊密でないので摩擦には少々弱いが、カシミールショールの柔軟でしわがよりにくく光沢に富む特色を出している。

綾組織の一つである二／二綾組織は経糸が緯二越の上に浮き、次いで緯二越の下に沈む。数ある綾組織のなかで二／二綾組織を用いるのは、綴織の技法と関連する。綴織は緯糸に種々の色糸を用いて、文様の色別に織りはめる。その際、色の境目の裂け目を避けるために境目の色緯糸を互いに絡み合

① 2/2 綾組織

②ダブルインターロック〈裏〉　綴織の色緯糸の絡み方の一種　1つの輪の中に折り返す糸が2本入る。輪の部分は裏面にあらわれ表面にひびかない。

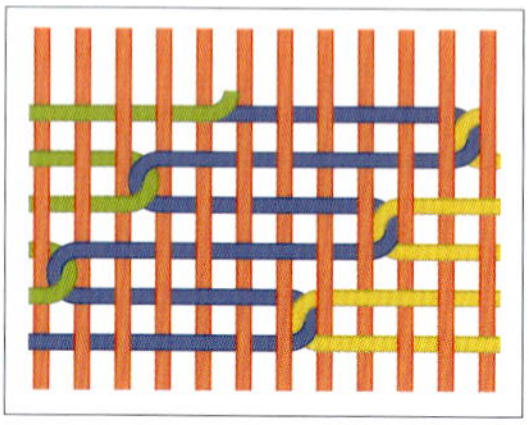

③シングルインターロック〈裏〉　綴織の色緯糸の絡み方の一種　1つの輪の中に折り返す糸が1本だけ入る。

〈裏〉 長方形大型ショール（p.68 ～ 69） 〈表〉

わせる。カシミールショールの裏では緯糸の浮きが二／二綾組織の場合、経二本分あるので、からみ合わせはまったく表にあらわれない。しかも緯糸が何重にもなった厚地の織物でなく、一重の軽い織物である。ただし細密な文様の場合裏で次に移る緯糸が浮く。表では経糸は覆い隠されずに、緯二越分の浮きを作る。そこで経糸は目立たないように、細い糸で地色の緯糸と同じ色を用いる。文様の色をあらわす緯糸は太めの糸を用いている。経緯とも双糸で、撚りは強くなくふんわりした織物に仕上げている。

上：刺繍を施すために木型でパシミナの生地に模様を押しあらわす。
下：刺繍をする62歳のワリ老人　スリナガル
左：刺繍ショール用の模様木型

〈刺繍の技術〉

刺繍を施す場合は、まず下地の布を瑠璃か紅玉髄で表面を擦り、滑らかにする。次に色粉か木炭を叩いて図案を型紙から布に転写する。繍《ぬ》い方はステム・ステッチやサテン・ステッチが使われた。精細な刺繍は一見したところ綴織と区別がむずかしいが、刺繍糸は表裏とも方向が様々で綴織の緯糸と識別される。

刺繍は全面が刺繍のものと、綴織を主としたものに部分的に刺繍を使っているものとがある。部分的に刺繍を使ったものは多く、縁飾りの部分のみ刺繍とするものと、輪郭線、アクセントの部分など織りにくい細い線や小さな部分を刺繍としたものがある。

縁飾りの部分は種々の色の小さな矩形の布をつなぎ合わせ、

〈裏、経糸方向⟷〉長方形大型ショール（p.114 ～ 115）〈表〉

それぞれの矩形に刺繍でアーチ形の文様をあらわす。ほとんどの大型のショールに見られるものであるが、布をはぎ合わせて一枚の布に仕上げる段階でつけ加えられるものであろう。

〈絵緯紋織の織法〉

ヨーロッパ製ショールは、はじめ綴織も試されたが、ほとんどが絵緯紋織《えぬきもんおり》の技法を用いて織られた。絵緯紋織は織物の耳から耳まで全幅にわたって通される絵緯が文様を作る。絵緯は文様のところで表にあらわれるが、文様に必要ない絵緯は裏で浮くので、ショールの重さを軽減するため、また浮糸が引っ掛かりやすいので、この裏の浮糸は切り取られる。

一八一八年にはいよいよジャカード機によるショール製作が始まり、空引機《そらびきばた》を使って織っていた時には不可能であった絵緯紋織による大型のペイズリー文様の表現が可能になった。これは膨大な枚数の紋紙を準備するのが大変であったが、紋紙さえあればいつでも同じものを何枚でも製作することができ、また部分に分けて織る必要もなかった。

（道明三保子）

〈はぎ合わせ〉

カシミールショールは完全な一枚仕立て織り(カニカル kanikar)であったものが、十九世紀中期以降、より早く仕上げるために部分をはぎ合わせた織りのショール(ティリカル tilikar)や刺繍のショールが一般的となった。

綴織の長方形大型ショール(七二〜七三頁)　柄に添ったはぎ、矩形のはぎ、余り分のつまみ縫いの多数のはぎがみられる。ショールの縦中央の折山がはぎになっている。基布の地色が異なる部分ははぎの位置として予測はできる。基布の大部分は赤である。中央部より無地の生成りが柄を構成し、その左右に赤紫、紫、緑が配されている。同じ地色でのはぎは赤い基布に大小様々な大きさで複数みられる。中央部から対角線方向に向かう、ダイナミックな草花文様は、赤の基布の上に生成り色の布が張付けられ、赤の基布は切り取られるのではないかと考えられる。矩形内の実線は地色の異なる部分のはぎ合わせ、点線は同じ地色でのはぎ合わせをあらわしている。

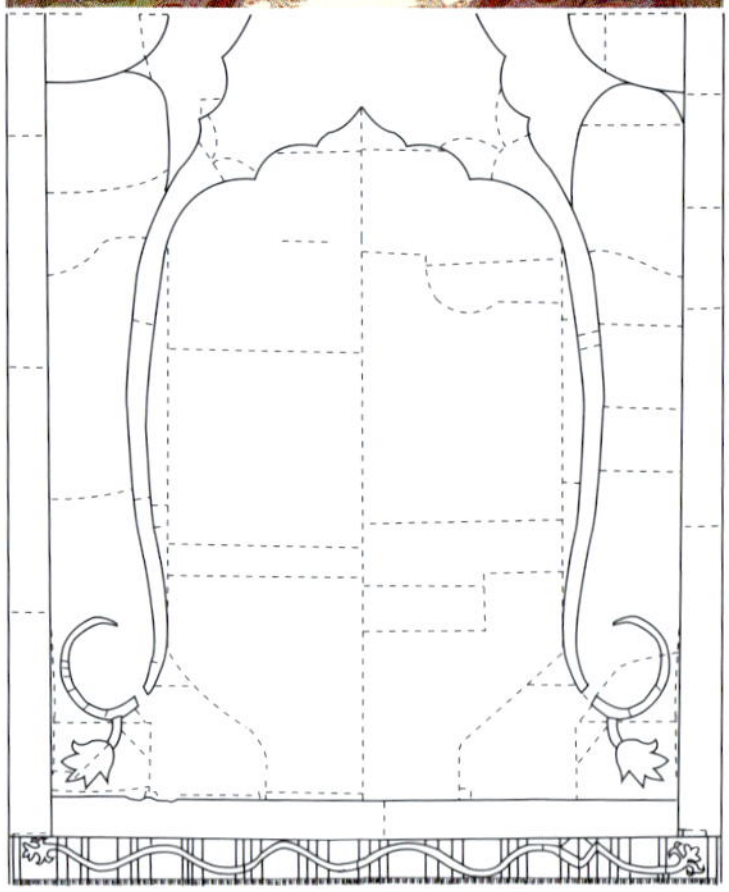

綴織の長方形大型ショール(p.72 〜 73)

刺繍の正方形ショール(八六〜八七頁)　中央に配された黒地の花型モチーフが特徴的で、その周囲を取り巻く布地は精緻な刺繍で埋めつくされている。全体の四分の一が文様構成の単位となっている。柄に添ったはぎ、矩形のはぎ、余り分のつまみ縫いが確認できた。製

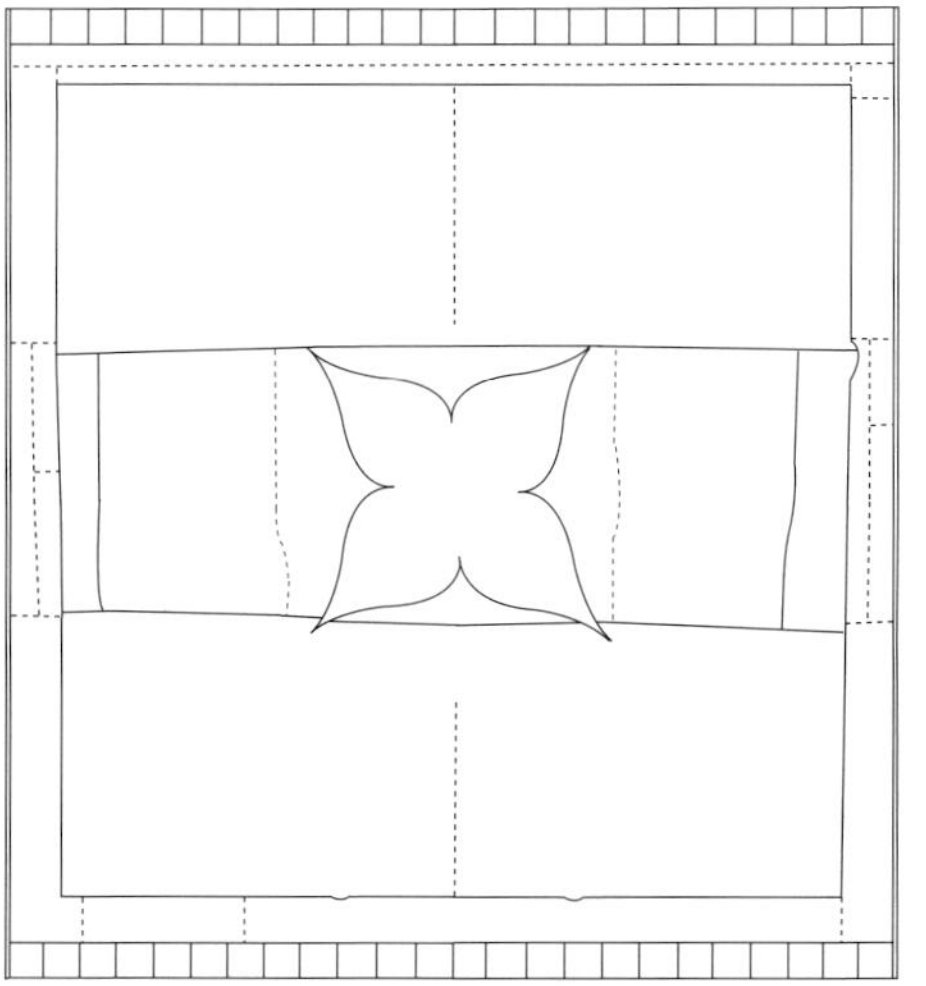

刺繍の正方形ショール（p.86 ～ 87）

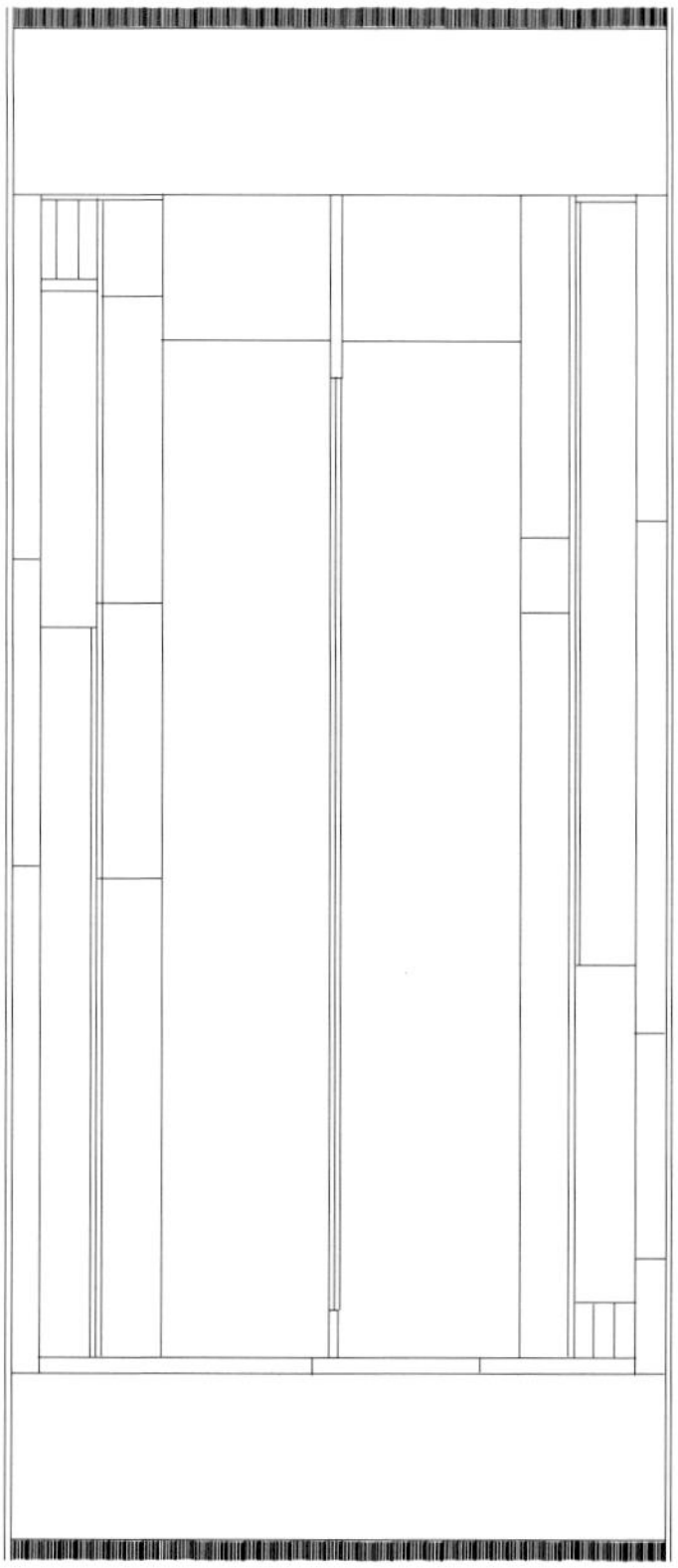

両面織の長方形ショール（p.93）

作手順は、布地縫い合わせ、模様の型押し、本体刺繍、縁飾り刺繍及びはぎ合わせ、縁飾り縁取り付けとなる。布地縫い合わせを仮縫い状態で模様の型押しをおこなった後、仮縫いを解き分割し刺繍を数人でおこなう各々の工程を分業化することで、時間の短縮を図っていたと推測する。基布は、中央が黒の地色の花弁柄で全体を引き締め、その左右に黄緑の基布、他の大部分は濃い緑の基布である。

両面織の長方形ショール（九三頁）　長辺に平行に一四本の草花文様が帯状に中央線から左右対称に配されボーダー柄を構成する。ボーダー布には、それぞれ矩形のはぎが複数見られる。まずショール本体長辺の長さにボーダー布をはぎ、次に長辺に平行に配されたボーダーの柄にそってはぐ。両面織りのため布を突き合わせ極細の白糸を使用し一～二ミリ間隔で織り込むように縫い合わされている。

（荒井やよい）

〈染色〉

ショールに用いるカシミヤ山羊の柔毛は羊毛に比べ、細く白いので天然染料で染めると発色がよく、その光沢の美しさが高く評価されてきた。特に初期のショールは、藍、コチニールの赤、サフランの黄など少ない色数の染料にもかかわらず、変化に富んだ精妙でつややかな色調を備えている。諸記録によると十九世紀前半の染料は、赤、紫はコチニール、ケルメス、ログウッド、ザクロの皮、青は藍、黒は鉄くず、茶は野生のザクロの皮、橙と黄はカルトハムスとサフラン、黄茶には胡桃などの染料が使われ、媒染剤《ばいせんざい》は主にみょうばんであった。イラン、アフガニスタン、中央アジアの輸出用ショールには先方の好みに合わせて茜の赤が多く用いられた。

ショール工場の染職人　スリナガル

第4章
カシミールショールの変遷

ムガル期の草花文ショール

ムガル期

〈草花文〉

十七世紀のショールは、優雅な衣装に身を包んだ王侯をあらわしたミニアチュールにうかがえる。花々が咲き乱れる庭園を愛好した王侯たちは、紋織のローブや綴織のショール、腰帯(パトゥカ)などに可憐な草花文を織り込んだ衣装をまとった。残されている十七世紀のショールの数は少ないが、どの時代のショールよりも上質で糸が細く軽く透けるかのように織られている。白の原毛の採集や糸紡ぎ、製織には多くの手間と高度な技術を要し、このようなショールを手にすることができたのは限られた支配層であったこともうなずける。

一続きに織られたショールの両端には草花文が横方向に並べられた帯状装飾があり、その上部の中央部には白無地の部分が広がる。帯状装飾とショールの両耳は花唐草の細帯によって縁取られ、両端には経糸を何本か撚り合わせて短い房を作る。赤、藍、黄、緑などに限られた清楚な色相の側面形の草花文は、大地に根づく形で、輪郭線に縁取られた根、茎、葉、つぼみ、花が量的には左右均等ではあるが形は左右非対称に描かれ、頂点の花が左右どちらかにわずかに傾く。周囲に白い余白が広がり他のモチーフが見られない。最初期の草花文はほっそりしていて写実性に富み間隔も広い。やがて草花文の間隔がせばまり、草花文の密集化がうながされ、頂点の傾きが次第に大きくなり、ペイズリー文様の発生へと展開する。

長方形大型ショール

インド　カシミール　17世紀後半　ムガル期

カシミヤ山羊毛　2/2綾組織綴織　258×134cm

平山コレクション中の17世紀の名品ショール。白の中央無地部分が大きく広がり、両端には14の草花文が帯状の空間に並ぶ。水平方向と斜め下方に伸びる6筋の定形の根から、横方向に広がる細長い先がとがった葉、多種の花々が細い茎でつながれ密集化の傾向をわずかに示し、先端の花が左に傾く。精細な糸で極めて軽く織り上げた端正な草花文のショールである。

〈表〉

〈裏〉

長方形大型ショール

インド　カシミール　17 世紀後半　ムガル期　カシミヤ山羊毛　2/2 綾組織綴織　309 × 131cm

これも平山コレクション中の 17 世紀の名品ショール。完全に 1 枚として織られた白地の薄地ショールで、両端の帯状装飾には横方向に綴織の鶏頭文が 8 つ並ぶ。円形に近い満開の鶏頭の花が大きく描かれ、つぼみや葉、根が細い茎でつながっている。花葉内部には密集化の傾向はなく、鶏頭文の表現は前頁の草花文より古様を示す。赤、緑、黄など色数は少ないが、明るく堂々とした文様である。

〈狩猟文〉

ムガル朝が支配していた十八世紀中頃のカシミールでは、ハンティング・ショールとも称すべき狩猟場面をデザインした一連の作品が作られた。宗教的な制約、すなわちイスラム教では偶像崇拝（動物、人物描写）が禁じられたことから植物文が主流であったショール文様の中で、生物がモチーフとして現れるのは極めて稀である。わずかに残る作例はどれも類似している。淡いベージュ色をしたごく薄手の上質なショールの両端に、カラフルな色合い、細かい織りで狩猟シーンが展開される。

（堀内美和）

長方形大型ショール

インド　カシミール
18 世紀中頃　ムガル期
カシミヤ山羊毛　2/2 綾組織綴織
326 × 130cm

ムガル朝の貴人たちが山野に繰り出して狩りをおこなう様子を、明るく豊かな色調で織り出している。現存する類例と比べ、本作の輪郭線は素朴であり、野生動物の多くは種類の判断が困難なほど抽象化されている。1 人の従者を従え青い馬に乗った狩人は、槍を片手にして豹と戦っている。別の豹は倒れている動物を貪り食っている。敷布を掛けた黒い象には、貴人と象使いの少年が跨り、獲物を追っているようである。その間では小鳥、軍鶏、犬、牡鹿、小鹿、兎、猿、リス、イタチとおぼしき多種多様な動物が駆け回り、画面を賑やかに満たしている。しかしながら、左手に棍棒を持ち右腕を振り上げた格好の黄色い生き物については、なんとも判別がつきかねる。一見熊のようにも見えるが、別の作例から推測するに、元来は人間をあらわしていたものが、真似ていく過程で輪郭が崩れ、得体の知れない姿になったのであろう。青色であらわされた大地、樹木、茂みが所々に配置され、野の花が白い地を埋め尽くすように散らばっている。上部には、青地を背景に朱色で縁取られた動物たちが並ぶ。狩猟図であるにもかかわらず、どこか牧歌的で楽園のような雰囲気が楽しげである。

コラム①

ペルシアとインドの草花文様

草花文紋織　ペルシア　18 世紀　絹

アグラ城　草花文装飾　インド　アグラ　16 世紀

イランは古来ペルシアの名で親しまれ、芸術性豊かな国として知られる。イスラム時代ではとりわけサファヴィー朝(一五〇一〜一七三六)のアッバース一世(在位一五八七〜一六二九)の治世はペルシア芸術のルネサンスといわれ、絹織物や絨毯の名品が製作された。続く歴代の君主も芸術の保護者となった。染織文様は花文を主にし、文様構成は側面形の花のモチーフを横方向に並べた列を上下に重ねる。上の段と下の段とでは花文の位置が互い違いになり、モチーフの向きも左右が逆になったものが多く、モチーフ間のリズミカルな連携を生み出している。先端が下に傾くものもあり、ペイズリー文様との共通性が見られるが、これらの紋織の絹織物にくらべ、カシミールショールは絵画的な自由さで文様を変化させることができる綴織であったことがペイズリー文様のドラマティックな変化を生み出したといえる。サファヴィー朝ペルシアとムガル朝インドとは文化的交流が盛んで、インドに対しペルシアの工芸が強い影響を与えている。

(道明三保子)

コラム②

ショールの裏面いろいろ

③

①

④

②

⑤

①長方形大型綴織ショール（p.50 ～ 51）
色の境い目で緯糸が織り返されているのがよくわかる。

②綴織ショール断片（p.64）
緯糸の重なりが少ない。

③長方形大型綴織ショール（p.77）
細かい文様なので、緯糸が重なっている。

④両面織ショール（p.97）
裏も表と変わらない。色を差している。

⑤ミニアチュール風刺繍ショール（p.101）
針の方向が様々である。

アフガン期

ムガル期の素朴な草花文様は、アフガン期（十八世紀後半〜十九世紀初め）に入り、花葉が密集した卵形の立木文様となっていく。先端は風に揺らぐように曲がり始め、ペイズリー文様の片鱗があらわれる。しっかりと地に下ろした根元や肩には小花文様が出現し、それは後に空間恐怖的に地を埋め尽くしていく。アフガン人支配者による圧制は、カシミールのショール産業者たちに過酷な生活を強いたにもかかわらず、この時代を通してショールは織られ続け輸出された。その結果、エキゾチシズムに満ちたペイズリー文様はヨーロッパで人気を博し、貴婦人たちの衣装を飾った。

下：長方形大型ショール
インド　カシミール
19 世紀初め　アフガン期
カシミヤ山羊毛　2/2 綾組織綴織
301 × 131cm

左上：ショール断片
インド　カシミール
18 世紀後半　アフガン期
カシミヤ山羊毛
2/2 綾組織綴織
28 × 106cm

左下：長方形大型ショール
インド　カシミール
19 世紀初め　アフガン期
カシミヤ山羊毛
2/2 綾組織綴織
309 × 128cm

皇后ジョセフィーヌの肖像
（1809 年、ニース・マセナ美術館所蔵）

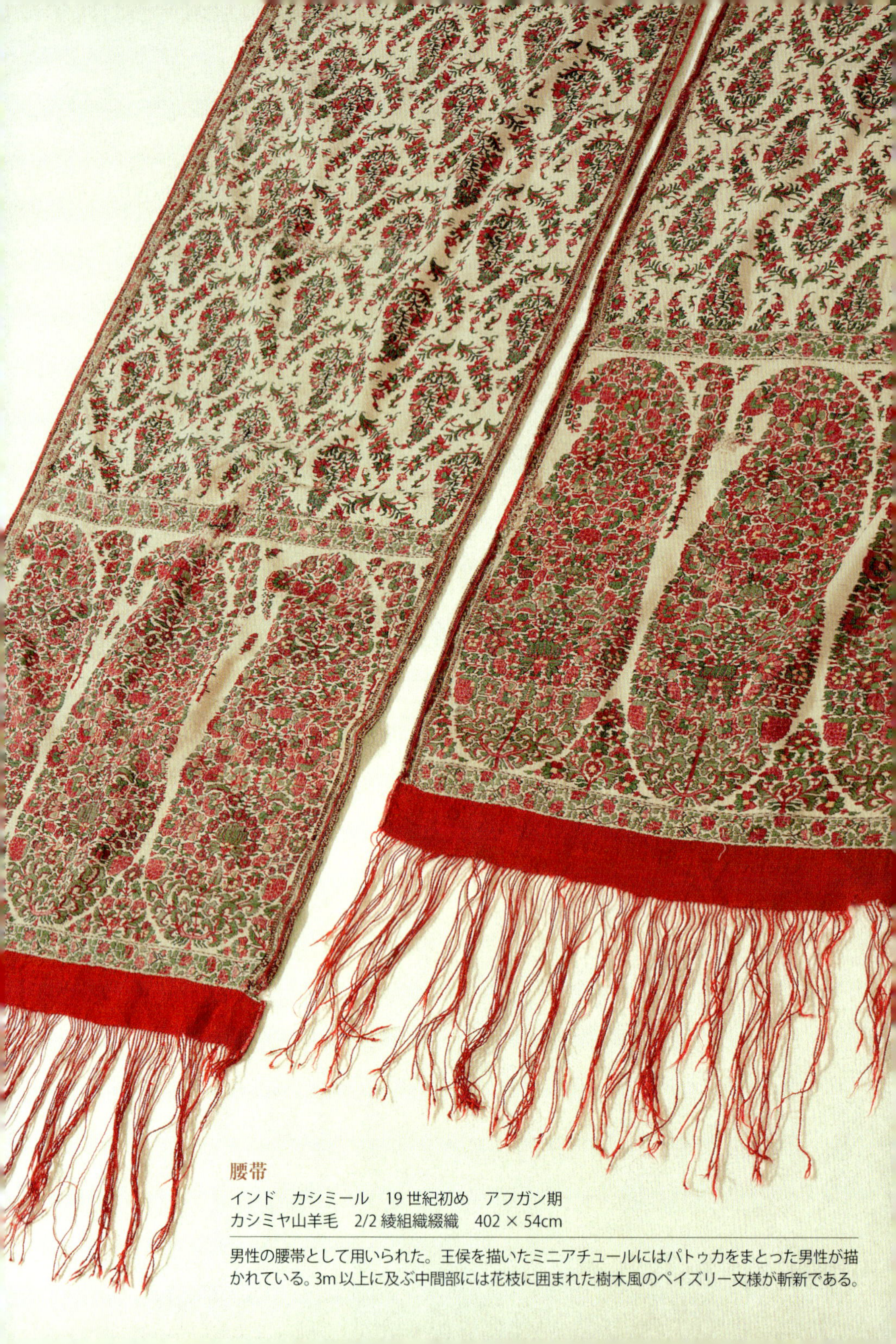

腰帯

インド　カシミール　19 世紀初め　アフガン期
カシミヤ山羊毛　2/2 綾組織綴織　402 × 54cm

男性の腰帯として用いられた。王侯を描いたミニアチュールにはパトゥカをまとった男性が描かれている。3m 以上に及ぶ中間部には花枝に囲まれた樹木風のペイズリー文様が斬新である。

長方形大型ショール
インド　カシミール
19 世紀初め　アフガン期
カシミヤ山羊毛　2/2 綾組織綴織
294 × 132cm

長方形大型ショール

インド　カシミール　18 世紀後半　アフガン期　カシミヤ山羊毛　2/2 綾組織綴織　298 × 127cm

両端の帯状装飾の草花文が矩形枠組みの中に配された珍しい構成のショール。地は緑で、中央部に緑の無地が広がる。縦中央 2 枚の布がはぎ合わされている。

長方形小型ショール

インド　カシミール　19 世紀初め　アフガン期　カシミヤ山羊毛　2/2 綾組織綴織　207 × 89cm

地は黄茶色で、両端の帯状装飾は藍色の密集したペイズリー文が並ぶ。中央部は白い開花文に側面形の小さな蕾や葉を付けた小さな花文が縦横に列をなす。

長方形大型ショール
インド　カシミール　19 世紀前半　シク期
カシミヤ山羊毛　2/2 綾組織綴織　305 × 125cm

長方形大型ショール
インド　カシミール　19 世紀前半　アフガン期
カシミヤ山羊毛　2/2 綾組織綴織　285 × 121cm

蛇行する何本もの曲線が画面いっぱいに絡み合い、隙間には細かい多種の模様が充満する複雑な構成ながら、注意して見てみるとある一定のパターンが数回繰り返され展開していることに気づく。棘を持った枝の蔓が画面を左斜めに登り、先端に鳥の頭を付けた蔓が枝分かれしていくつもの弧を描きつつ右斜めに伸び、交差したその 2 本と絡み合うように舌を出した蛇が這っている。船尾に天蓋を張った豪華なアラビア風の帆船は、小型の船を牽きながら枝の間を進んでいる。穂を垂らした柳の木、孔雀、ムカデのような昆虫、ペイズリー文様、小花文様などで地の空白は埋め尽くされている。サファビー朝ペルシアの作風の流れをくむこのような蔓枝文様は、東洋の古典的概念に価値を求める傾向のあった 18 世紀前半のヨーロッパの趣向に合い、様々なパターンが作られた。ショールにしては房飾りがなく、用途は不明である。数枚の布が縫い合わされたはぎ合わせの技法が用いられている。

〈ムーンショール〉

十八世紀末から十九世紀前半にかけて、正方形のショールの中央部分に満月を示す円模様を配し、四隅に扇形の模様を置くというデザインがあらわれた。このようなショールはムーンショール、現地語でチャンダールと呼ばれ、肩掛けとして好んで用いられ、この時期に多く製作された。円や半円の月の内部は花模様で充填され、五つの月の間はペイズリー文様、小花文様、縞柄などが連続し、整然と配され地を埋め尽くす。

ムーンショール　天蓋
インド　カシミール　19世紀前半　アフガン期
カシミヤ山羊毛　2/2 綾組織綴織　299 × 249cm

ムーンショール
インド　カシミール　18世紀後半　アフガン期
カシミヤ山羊毛　2/2 綾組織綴織　134 × 114cm

ショール断片
インド　カシミール
18世紀中頃　ムガル期
カシミヤ山羊毛
2/2綾組織綴織
110.5 × 73cm

ショール断片
インド　カシミール
19世紀初め
アフガン期
カシミヤ山羊毛
2/2綾組織綴織
93 × 78cm

〈縞文と幾何文〉

ショールの柄としてペイズリー文様と並んで人気の高かったのが縞である。二色あるいは多色の縦縞を交互に配し、各縞の中に小さな花枝を互い違いにして置く。ショールの中央部やムーンショールの地の部分、あるいはイランやトルコなどに輸出され衣服生地や腰帯などによく使われた。十九世紀初めヨーロッパでも流行していたことは当時の肖像画に描かれた服飾などからうかがえ、イランでも鳥などのモチーフを加えた縞柄が織られた。

またジグザグ文や七宝つなぎなど幾何学的構成に小花をちりばめた文様も見られ、カシミールショールの装飾文様の多様性をうかがわせる。

ショール断片
インド　カシミール
19世紀初め
アフガン期
カシミヤ山羊毛
2/2綾組織綴織
21 × 40.5cm

ショール断片
インド　カシミール
19世紀初め
シク期
カシミヤ山羊毛
綾地綴織
90 × 70.5cm

シク期

アフガン期末期にほぼ形が確立したペイズリー文様は、シク期(十九世紀前半)に入るとびっしり埋まった地模様から浮かび上がり、様式化した一つのモチーフとして独立した姿を見せる。もはや植物の集合体といった元来の性格は喪失し、輪郭は滑らかな曲線で囲まれ、抽象化されたフォルムは硬化していく。その形は縦に長く伸び、大きく湾曲した先端は本体に触れる。中には蔓草文様がペイズリー文様に絡みつき、輪郭線を犯して縦横無尽に枝を伸ばすケースも見られる。輸出先のヨーロッパやイランの趣味を反映しているのか、画面中を埋め尽くす地文の中でうごめくその姿は微生物が如き生命体を思わせる。

長方形小型ショール
インド　カシミール
19 世紀初め　シク期
カシミヤ山羊毛　2/2 綾組織綴織
179 × 60cm

長方形ショール断片
インド　カシミール　1840 年頃　シク期
カシミヤ山羊毛　2/2 綾組織綴織　120 × 134cm

長方形大型ショール

インド　カシミール
1830 年頃　シク期
カシミヤ山羊毛　2/2 綾組織綴織
290 × 130cm

中央部の大きな矩形部分は初期のショールでは無地であったが、次第に縁飾りや四隅を飾るようになった。四隅の花文はしばしば刺繍でなされた。このショールは織りの部分も刺繍の部分も極めて精緻に製作されている。

ペイズリー文は刺繍、帯状装飾は織りによる。　〈表〉

〈裏〉

長方形ショール

インド　カシミール
1840年頃　シク期
カシミヤ山羊毛　2/2綾組織綴織
142 × 310cm

両端には長く先端が垂れた細長い6つのペイズリー文が並び、中央部では少し斜めに傾いたペイズリー文が中心の無地の緑の部分を取り囲んでいる。ペイズリー文の内部は、細やかな地模様で埋められている。地色が斜めに帯状に色を変え、微妙な美しさを醸している。

ドグラ期

シク期には胴部に膨らみが残っていたペイズリー文様は、ドグラ期(十九世紀後半)になると、長く引き伸ばされて流線状となった。蛇行曲線を描いたその先はワラビやゼンマイのように丸まって渦を巻き、中には枝分かれしてさらに伸びる例もある。

ヨーロッパでデザインされた長方形のショールには、端然と区分けされた矩形の中にねじれ曲がったペイズリー文様を配置するなど西洋人の造形の好みが見られる。火炎のような鉤爪状の輪郭線や、小花が装飾的に取り付けられたペイズリーも、西洋趣味のあらわれと思われる。もともとは端正に直列していた静的で素朴な花文様

長方形大型ショール
インド　カシミール
19 世紀後半　ドグラ期
カシミヤ山羊毛　2/2 綾組織綴織
340 × 137cm

カシミールショールを羽織った婦人
（1859 年、フィラデルフィア美術館所蔵）

は、やがてインドの造形感覚によってダイナミックな運動性を帯び、さらに西洋の影響から計算的かつ理想的な姿に収束していくという激動の展開を見せるのである。

（堀内美和）

〈表〉

〈裏〉

長方形大型ショール

インド　カシミール　19 世紀後半　ドグラ期　カシミヤ山羊毛　2/2 綾組織綴織　347 × 146cm

青、黄、ピンクなど地色が異なる部分をはぎ合わせている。

長方形大型ショール
インド　カシミール　19 世紀後半　ドグラ期
カシミヤ山羊毛　2/2 綾組織綴織
350 × 142cm

長方形大型ショール

インド　カシミール　19 世紀後半　ドグラ期

カシミヤ山羊毛　2/2 綾組織綴織

328 × 138cm

長方形大型ショール

インド　カシミール
19 世紀後半　ドグラ期
カシミヤ山羊毛　2/2 綾組織綴織
327 × 141cm

矩形の中でペイズリー文はうねりつつ細く長く引き伸ばされる。中心の黒無地部分に向けて尖頭型の球形となる矩形の枠組みによる文様構成は、ヨーロッパの好みの反映であろうか。

長方形大型ショール
インド　カシミール　19 世紀後半　ドグラ期　カシミヤ山羊毛　2/2 綾組織綴織　314 × 140cm

コラム③

ショールの飾り房

長方形ショール（p.96）の刺繍の飾り房

長方形ショール（p.78）の刺繍の飾り房

長方形ショール（p.114-115）のジャカート織の飾り房

長方形ショール（p.80）の刺繍の飾り房

カシミールショールの上下の織端には、多色縦縞のカラフルな飾り房が付き、ショールの文様の区切りとなり、ショールを華やかなものにしている。時代ごとに変化が見られ、一続きに織る初期の頃は経糸を数本撚り合わせただけのシンプルな房であった。別々に織ったものをはぎ合わせるようになると、種々の色の無地布をはぎ合わせ、アーチ文様を刺繍したものを本体に綴じ付けた飾り房となる。アーチの間にはさらに細長いパネルがはめこまれる。飾り房端は各色布の経糸を数本撚り合わせている。

ヨーロッパではジャカードで飾り房の部分まで一続きに織るため、経糸の色は本体と同じとなる。一九二〇年頃より多色の飾り房があらわれ、最初は無地であったが、一八五〇年頃より色ごとにアーチ文様があらわされるようになり、房の丈は段々高くなっていった。

正方形ショール
インド　カシミール
19 世紀中頃　ドグラ期
カシミヤ山羊毛
2/2 綾組織綴織
183 × 170cm

ヨーロッパの影響が顕著であるシダやコンブのような細かいギザギザが目立つ。ペイズリー文はわずかに原形をとどめるのみである。

ショール断片
インド　カシミール
19 世紀中頃
ドグラ期
カシミヤ山羊毛
2/2 綾組織綴織
63 × 64.5cm

正方形ショール
インド　カシミール
19 世紀中頃　シク期
カシミヤ山羊毛
2/2 綾組織綴織
187 × 190cm

矩形枠組みの中にヨーロッパ好みのパルム（棕櫚）がおさめられている。ペイズリーのモチーフはフランスでは棕櫚が枝葉を広げた形が多く見られたことからパルムと呼ばれた。

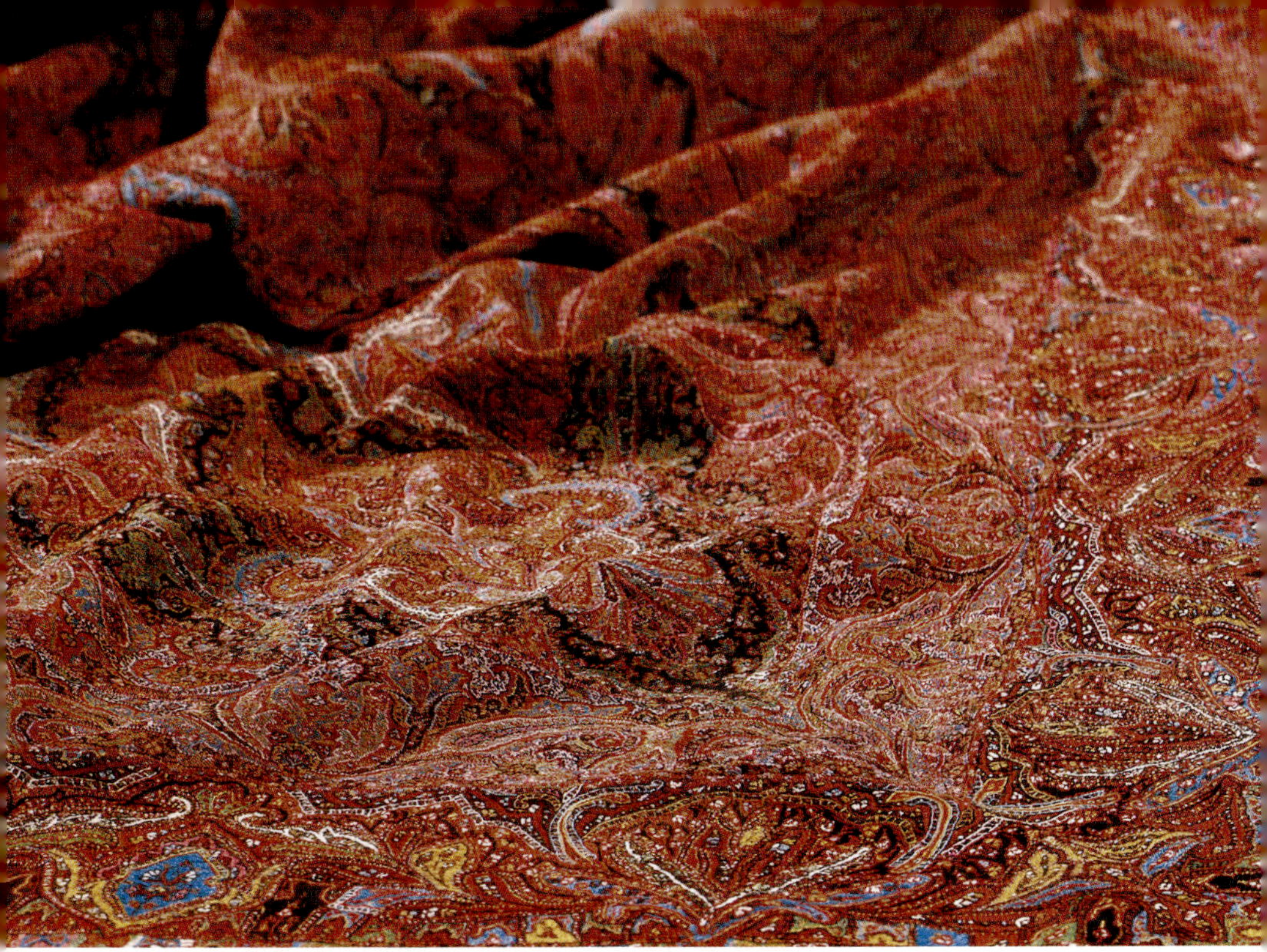

正方形ショール
インド　カシミール
19 世紀中頃　ドグラ期
カシミヤ山羊毛
2/2 綾組織綴織
195 × 192cm

〈刺繍〉

カシミールショールを一人で織れば一枚一年以上もかかってしまうことから、生産の効率を上げるため、一枚を部分に分けて複数の織機で織り後ではぎ合わせる方法と、刺繍の技法が用いられた。

一八〇三年に初めて刺繍のショールがあらわれたときは三分の一のコストでできたため、以後も多く作られた。インドでは刺繍台も用いず、ひざの上に大きな布を広げて刺すが、ステム・ステッチやサテン・ステッチによる刺繍は綴織との区別が難しいくらい目が細かく精巧にできている。地の布をペイズリー文様で埋め尽くすものと部分的に刺繍するものとがあり、手間をかけた手仕事のぬくもりのせいか、時がたち、どんな小さな断片になってもペイズリーの美しい輝きが失われない。

刺繍正方形ショール
インド　カシミール　19世紀中頃　ドグラ期
カシミヤ山羊毛　刺繍　182 × 180cm

刺繍ショール

インド　カシミール　19世紀後半　ドグラ期
カシミヤ山羊毛　刺繍　209 × 190cm

地色が縁取りの色に合わせて４色に４分割され、全面を重厚な刺繍で埋め尽くす。左右にペイズリー文を配した中に、船のように見えるモチーフが浮かぶ。

刺繍正方形ショール
インド　カシミール
19世紀中頃　ドグラ期
カシミヤ山羊毛　刺繍
175 × 173cm

刺繍正方形ショール
インド　カシミール
19世紀後半　ドグラ期
カシミヤ山羊毛　刺繍
184 × 175cm

〈両面織〉

両面織(ドルカ doruka)は一八六〇年代にあらわれた新手法で、その技術開発者とムスタファ・パンディとアジズ・パンディの名があげられている。二／二綾組織綴織で織られ、色の境目の緯糸の絡み方を一重(シングルインターロック)にして刺繍の輪郭で覆うので、二重の絡み方(ダブルインターロック)のように絡み目が裏にあらわれることがなく、リヴァーシブルの織り方となる。両端に無地布を足した小型長方形のショールで、化学染料のピンクや紫の色も混った目新しい配色で、ペイズリー文様の輪郭は残るものの、やや写実性を取り戻した軽やかな花葉も取り込まれ華やかな雰囲気をかもしている。

〈裏〉

〈表〉

両面織ショール
インド　カシミール
19 世紀中頃　ドグラ期
カシミヤ山羊毛
2/2 綾組織綴織・刺繍
294 × 139cm

両面織ショール

インド　カシミール　19 世紀後半　ドグラ期

カシミヤ山羊毛　2/2 綾組織綴織・刺繍　208 × 93cm

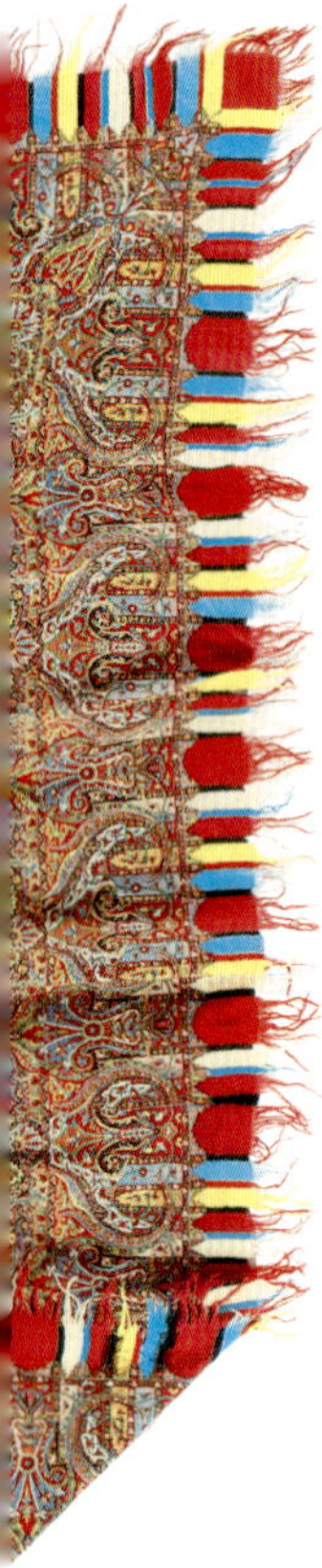

両面織ショール
インド　カシミール
19世紀中頃　ドグラ期
カシミヤ山羊毛
2/2綾組織綴織・刺繍
196 × 196cm

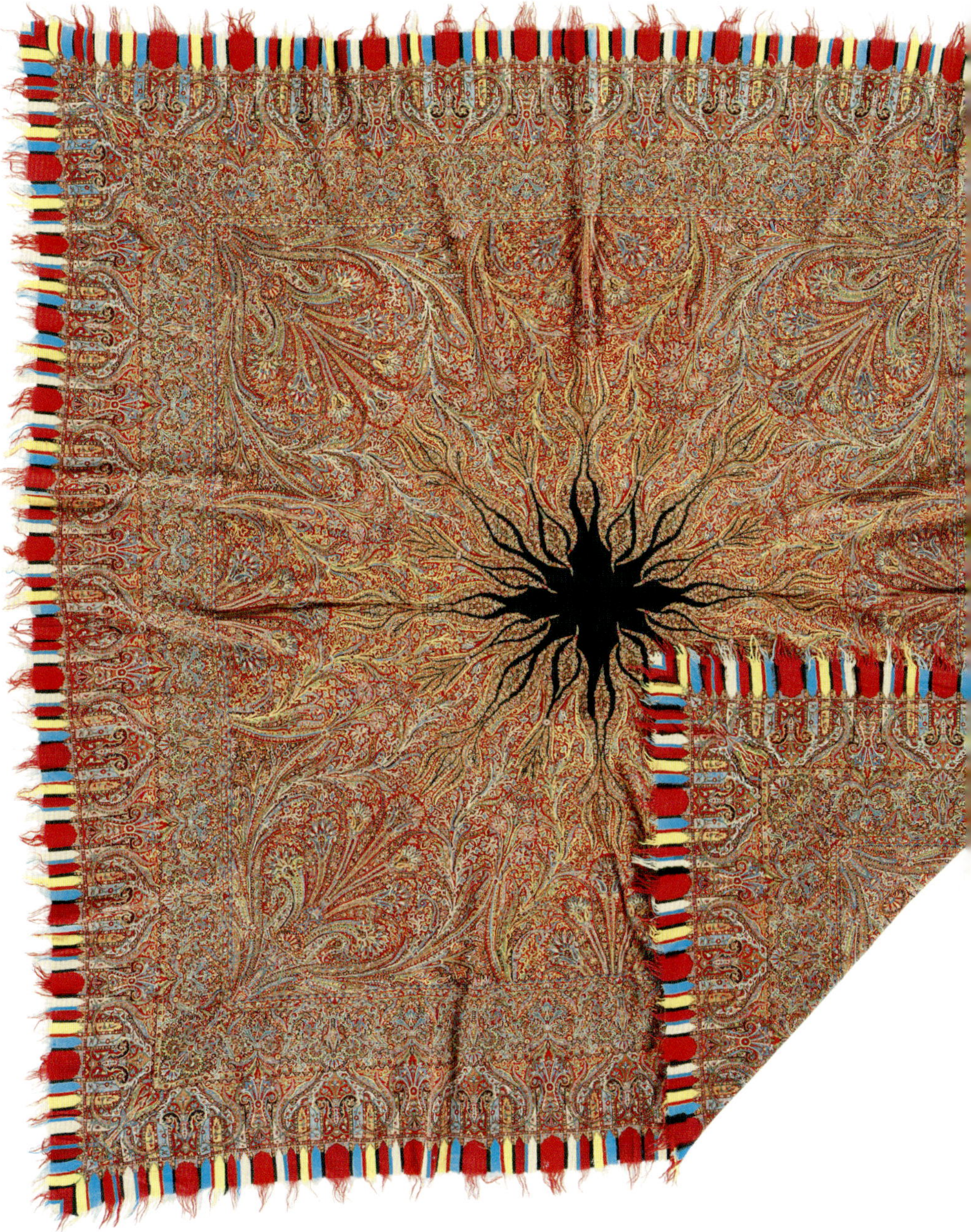

右頁：両面織ショール
インド　カシミール
19 世紀後半　ドグラ期
カシミヤ山羊毛
2/2 綾地綴織・刺繍
269 × 122cm

両面織ショール
インド　カシミール
19 世紀後半　ドグラ期
カシミヤ山羊毛
2/2 綾組織綴織・刺繍
209 × 97cm

〈花唐草〉

カシミールショールの織物は肩掛けとしてのみ使われたのではなく、衣服生地や敷物、ベッドカバーなどさまざまな用途があった。また装飾文様もペイズリー文様以外のものも多く見られる。カシミヤ山羊の素材や綴織の技法を用いて絨毯の柄に似た華麗な花唐草柄も登場した。

（道明三保子）

上衣断片
ペルシア　19世紀後半　ドグラ期
カシミヤ山羊毛　2/2 綾組織綴織　59 × 33cm

敷物

インド　カシミール　19世紀後半　ドグラ期　カシミヤ山羊毛　2/2 綾組織綴織　264 × 174cm

ミニアチュール風ショール

イラン創世からサーサーン朝（七世紀）までを扱ったフィルドゥスィー（一〇二五没）作のペルシア語列王記『王書（シャーナーメ）』の登場人物、十九世紀前半の実在の人物、無名の高官や聖職者が細かい刺繍でびっしりと描き出されている。

『王書』登場人物の表現が十九世紀前半にカシミールで制作された『王書』写本と類似するうえ、一八一九年までカシミールを支配していたアフガニスタンのドゥッラーニー朝君主のシャー・シュジャー・アル＝ムルク（在位一八〇三〜〇九）の肖像が描かれていることなどから、十九世紀前半のカシミールの作品と考えられる。

それぞれの画題を示す銘文はすべてペルシア語だが、いくつ

バフラーム・グールの狩り

野生ロバ（グール）の狩りを好み、弓術のすばらしい腕前を持つサーサーン朝君主バフラーム五世（在位420〜438）はバフラーム・グールという異名を持つ。騎乗の女性は人差し指を口にあて、王の妙技に驚きの仕草を見せている。

ミニアチュール風刺繍ショール

インド　カシミール　19 世紀前半
カシミヤ山羊毛　刺繍
187 × 166cm

ショールの中心に位置する、控えめな大きさのメダイヨンに描かれた、注文主であろうと思われる人物は「議長」とのみ記され、個人名もわからない。中央メダイヨンの周りに描かれた 4 人はいずれも『王書』の登場人物。イラン君主ダリウスとアレクサンドロス大王および敵方の君主アフラースィヤーブ、英雄ルスタムの祖父サームである。数多い王や英雄の中で 4 人が選ばれた意図は不明。

かの興味深い点が指摘される。イラン王朝名の綴りが間違っていること、『王書』の物語中の人物関係を誤解していること、また、『王書』ではイラン人の敵とされる王やあまり活躍のない英雄がイランの諸王と並んで描かれていることなどである。

（図版解説ともに　桝屋友子）

ファトフ・アリー・シャー・ガージャール

イランのガージャール（カージャール）朝第 2 代君主（在位 1797 ～ 1834）。玉座で水煙草を吸う姿で描かれている。長くて黒いあごひげは現存する彼の肖像画と一致するが、銘文にはガージャールではなく、「ガジャル」と記されている。

ガージャール王の娘

隣に描かれたファトフ・アリー・シャーの娘だろうか。この王には王子が 60 人、娘が 48 人もいるため、誰なのか特定できない。ショールの主題では唯一の女性だが、わざわざ隣国の姫が描かれた理由は明らかではない。

フーシャングの殺害

フーシャングは『王書』によればイラン創世第2代の王。悪魔に殺されたのは彼の父スィヤーマク王子であり、フーシャングはその仇を討って即位し、世の中に教養を広め、火の祭を創始した。奇妙な取り違えである。

玉座に座る最初の王
カユーマルス

『王書』ではイラン初代の王とされるカユーマルス。王とその民は豹皮の衣を纏い、山中に動物たちと共に住んでいたという。本図は、1825 年頃カシミールで制作された『王書』写本の同図と構図や人物表現が酷似する。

シャー・シュジャー・
アル＝ムルク

女性だけに囲まれたアフガニスタンのドゥッラーニー朝君主。前王に追放されインドに亡命、1812 〜 13 年にはカシミールに幽閉されていた。有名なダイヤモンド「コーヒ・ヌール」を手放して自由を獲得した。

ヤルカンド人たちの会合

ヤルカンドは中華人民共和国新疆ウイグル自治区西南部の街。カシミールとはカラコルム山脈で隔てられ、19世紀前半にはカシミール交易で栄えた。不思議の国からの人々と思われたのか、彼らの上を人面鳥が飛んでいる。

玉座に座る アレクサンドロス大王

アレクサンドロス大王は、歴史上はマケドニア王(在位前336～前323)。『王書』ではイスカンダルと呼ばれ、イラン王ダーラーブの息子である。ショールにも描かれている異母弟ダリウス(ペルシア名:ダーラー)を倒してイラン王となる。

衣装

カシミールショールの生地は、縫製した衣服の伝統が根強いインド北西部で、藩王国の上流階級男性の衣装生地として前合わせの長衣(アンガルカ angarkha やチョーガ choga)などによく使われた。衣装生地の場合、織端の文様や飾り房などはなく、文様が縦横に連続する。文様構成は、ペイズリー文様の横列が一段おきに位置をずらして連続したもの、唐草や鹿の角風曲線がモチーフを連結するものや縞柄などが多い。

チョーガ(男性用コート)
インド　カシミール
19 世紀初め　シク期
カシミヤ山羊毛　2/2 綾組織綴織
丈 92 × 98cm

アンガルカ（男性用ローブ）
インド　カシミール
19 世紀初め　シク期
カシミヤ山羊毛　2/2 綾組織綴織
丈 130 × 161cm

男性上衣
イラン
19世紀中頃　ドグラ期
カシミヤ山羊毛
2/2綾組織綴織
丈60.5×146cm

ペルシアでは一八五〇年頃は工芸が盛んで、ケルマンで二二〇〇台の織機がショール産業に使われていたと記録されている。一八四〇年代になるとヨーロッパ・スタイルのジャケットとズボンが導入されたことにより洋服スタイルにショールの生地が用いられたが、なお高価なため上流階級に限られた。一八八〇年代には化学染料が導入され、鮮明な色調の織物があらわれた。一八九〇年代には三〇〇〇台の織機が使われていたケルマンのショール産業は、二十世紀初頭頃から下降線をたどり、多くの職人がショールから絨毯の製作へと転換していった。

ショール生地
ペルシア　19世紀前半　シク期　カシミヤ山羊毛　絵緯紋織　275 × 119cm

ペルシアのショール

カシミールショールはペルシアに大量に輸出されたが、ペルシアでもショール産業が興隆した。ペルシアでは肩掛けとしてよりも、衣服の生地によく使われ、またベッドカバーなどの覆い布や掛布、飾り布などの用途も多様であった。

ペルシアのショール産地としてはケルマンとイエズドがあげられる。ケルマンは羊や山羊の産出地で、すでにマルコ・ポーロも織物の名産地としてあげている。ケルマン製のショールはカシミールショールよりも固く、地質も厚く織られている。地色は白、赤、黄色などが見られ、二／二綾組織の地に絵緯糸が二／一綾組織で文様をあらわしている。(道明三保子)

〈表〉

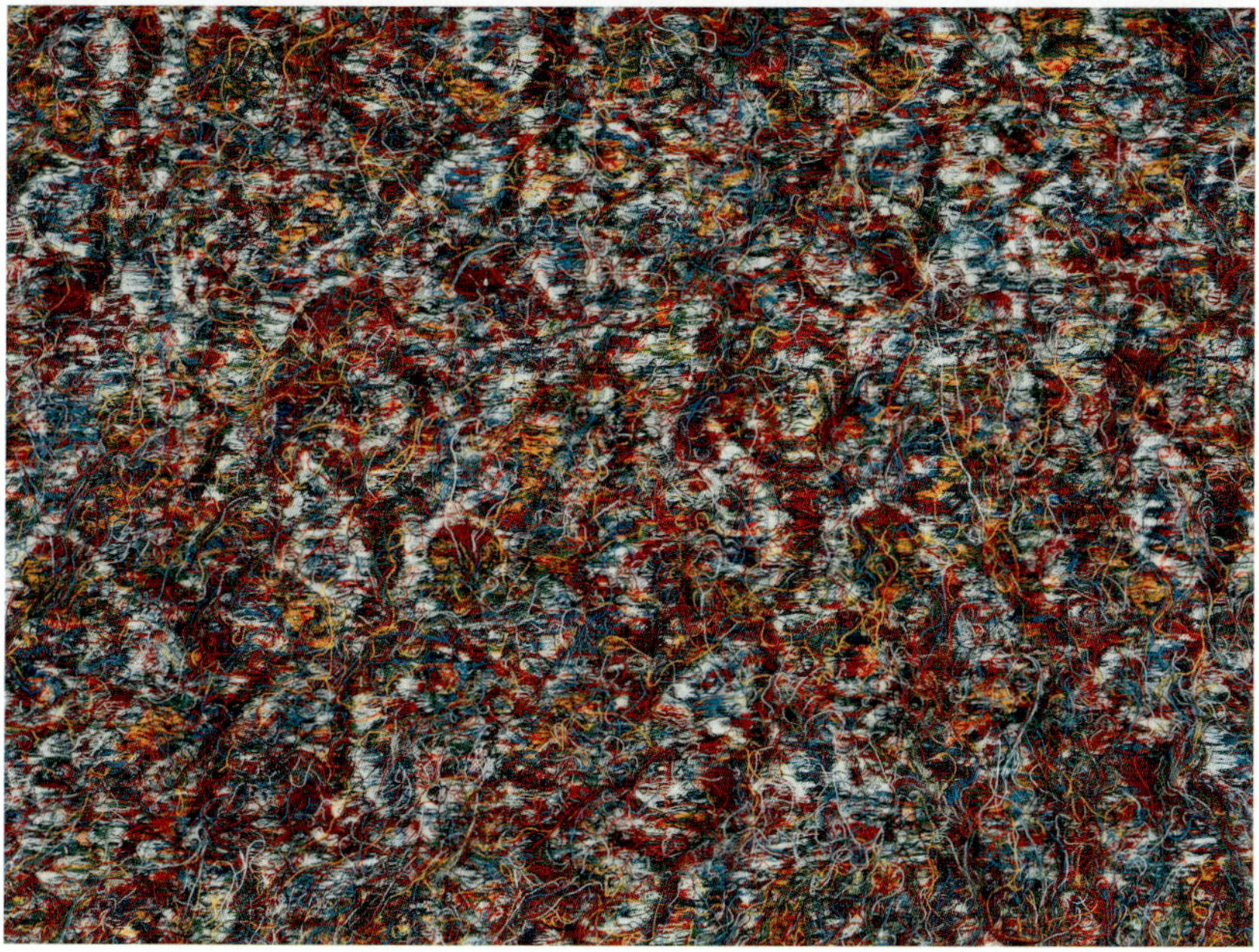

〈裏〉

ショール生地

ペルシア　19 世紀前半　シク期　カシミヤ山羊毛　絵緯紋織　290 × 114cm

ヨーロッパのショール

カシミールショールがヨーロッパで流行したのは十八世紀末からである。その優れた風合いと華やかな文様は、皇妃ジョセフィーヌを初め、ヨーロッパの貴婦人達の心をとらえ、十九世紀になると、薄地綿モスリンのギリシア風ドレスの上にカシミールショールを羽織るファッションが一大ブームとなり、また結納品としても贈られた。

十九世紀中頃には、フランス人がカシミール地方の職人にデザインを指示し、ヨーロッパ好みのカシミールショールを作らせていたが、やがて高価な輸入品の代わりに、カシミールショールを模倣した機械織り、すなわちジャカード織りのショールがヨーロッパで制作されるようになる。製作の中心地はスコットランドのペイズリーやエジンバラ、ノリッジ、フランスのパリ、リヨンなどである。ショールにくり返し登場する勾玉状の花文は、コーン(松かさ)、パルム文と称し、その地名をとってペイズリーと呼ばれるようになった。手触りのよさや文様の精緻さではカシミール地方の職人技におよばな

両面織ショール
イギリス　ノリッジ　19世紀中期
羊毛・絹　絵緯紋織　ジャカード　両面織　171 × 187cm

ノリッジで作られた二重織のジャガード。二重織は表裏の糸が入れ替わって交差しているところ以外は二枚重なって袋状になっているのが特徴で、織物の中に空気が含まれ、風が通るという意味で風通織ともいわれる。両面は表裏逆の模様が浮き上がる。

かったとはいえ、ヨーロッパで量産されるダイナミックなヨーロッパらしい洗練されたデザインのショールの人気は、カシミールにおけるショール産業の衰退を招くほどであった。一八七〇年ごろから腰の後ろをふくらませるバッスルスタイルのドレスが登場し、ショールの需要は急速に減り、ショール産業は終焉を告げた。

長方形大型ショール
フランス　リヨン
1860年代
羊毛　絵緯紋織
ジャカード
325 × 145cm

長方形大型ショール
イギリス　ノリッジ　1860 年代
羊毛　絵緯紋織　ジャカード　325 × 145cm

パリ万博出品作「行列図」のショール

第二回パリ万国博覧会（一八六七年）にはジャカード織による特大のショールが出品された。メトロポリタン美術館やボストン美術館にも所蔵され、現在、世界で八点の作例が確認されている。

一八五〇年代半ば、ジャカード機の改良が進み、一つのデザインを縦横に反転して大きなショールをつくる「ジャル・オー・カール（四分の一ショール）」の技法が考案された。本品の図柄が左右対称であるのはそのためである。それと同時に、何十万枚もの紋紙を使った緻密で複雑なデザインが可能となり、アメデオ・クデの「ノウルーズ（新年）・ショール」（一八三九年）や、一八五五年の第一回パリ万博に出品されたアントニー・ベリュスのイスラムや中国のモチーフを多用した複雑なショールが大きな評判となった。それはカシミールの伝統的な装飾にペル

長方形大型ショール
フランス　リヨン　1867年
羊毛（経糸）・絹　絵緯紋織　ジャカード
344 × 158cm

シアやインドなどのエキゾチックなイメージを織り交ぜ、ここに見る「プロセッション・ショール」の先駆けとなるものであった。

南国の密林を背景として、貴人を乗せた白象や駱駝、従者が担ぐ駕籠、日傘をさしかける人、角笛を吹く人たちの華やかな行列が続く。どの人も頭にターバンを巻いている。行列はそれぞれショールの四方に向かって展開する。四辺と中央にはミヒラーブ(聖龕)がもうけられ、ヒンドゥー教風の白象に乗る神や四本の手を持つ神の像が安置される。

内側にはさまざまな種類の小鳥が飛び交う赤いペイズリーの区画があり、ペイズリーの間には、何層ものドームとミナレット(尖塔)を持つ赤いモスクがそびえ、高い基壇に乗せられた神像が王侯たちの跪拝《きはい》を受けている。ショールの中心部に残された楕円形の小さな余白を、優美なパルメット文が取り囲み、その外側では酒宴が繰り広げられ、踊り子たちが舞っている。人物や動物の量感を強調する陰影や、建築空間の描写には、西洋絵画の技法が用いられている。

「行列図」のショールが現出する空間は、十九世紀のヨーロッパではぐくまれた東方世界への憧憬（オリエンタリズム）と、産業革命による技術革新が織りなす壮大なアラベスクである。だが、このショールがパリ万博を飾っていた頃、ヨーロッパにおけるカシミールショールの流行は、まさに終わりを告げようとしていた。一八六〇年代以降、インドの職人たちは、ヨーロッパ製のショールに市場を奪われ、一八七〇年代以降はドレスの流行の変化により、ショールの需要自体がなくなっていく。それと同時に普仏戦争で負けたフランスの経済状態は悪化し、カシミール地方も飢饉に見舞われ、やがてカシミールショール職人のほとんどが消えてしまったという。

とはいえ、ヨーロッパにおけるカシミールショールの伝統は二十世紀後半、イタリアのエトロなどのデザイナーたちの手によって、ふたたび新たな生命を吹き込まれる。ペイズリー文を基調とした神秘的で華麗な装飾とカシミヤの柔らかな風合いは、いまなお世界中の人々の心を引きつけてやまない。

（平山東子）

蓮の花（平山郁夫スケッチブックより）

■関連地図

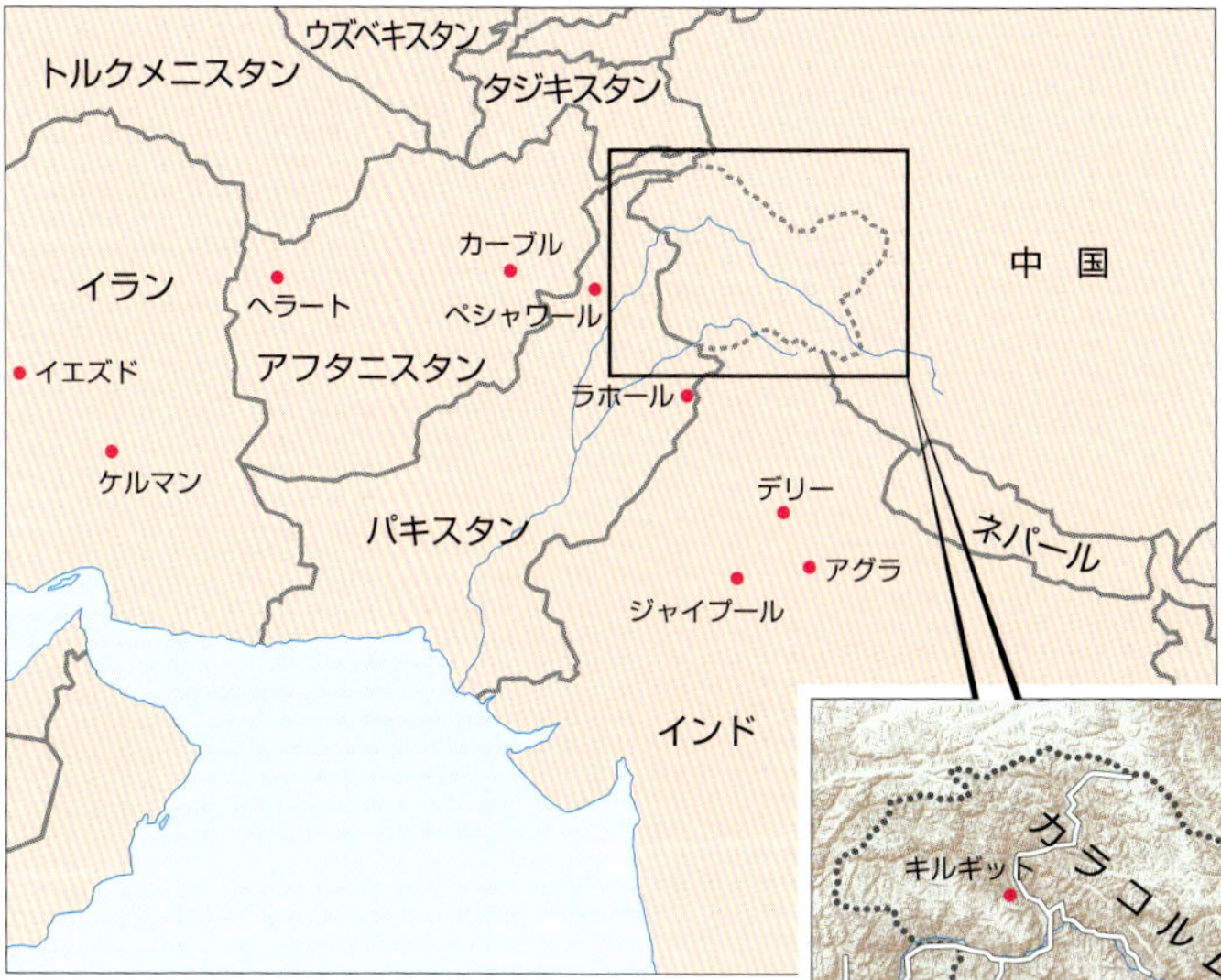

トルクメニスタン
ウズベキスタン
タジキスタン
イラン
カーブル
ヘラート
ペシャワール
中国
イエズド
アフタニスタン
ラホール
ケルマン
デリー
パキスタン
ネパール
アグラ
ジャイプール
インド

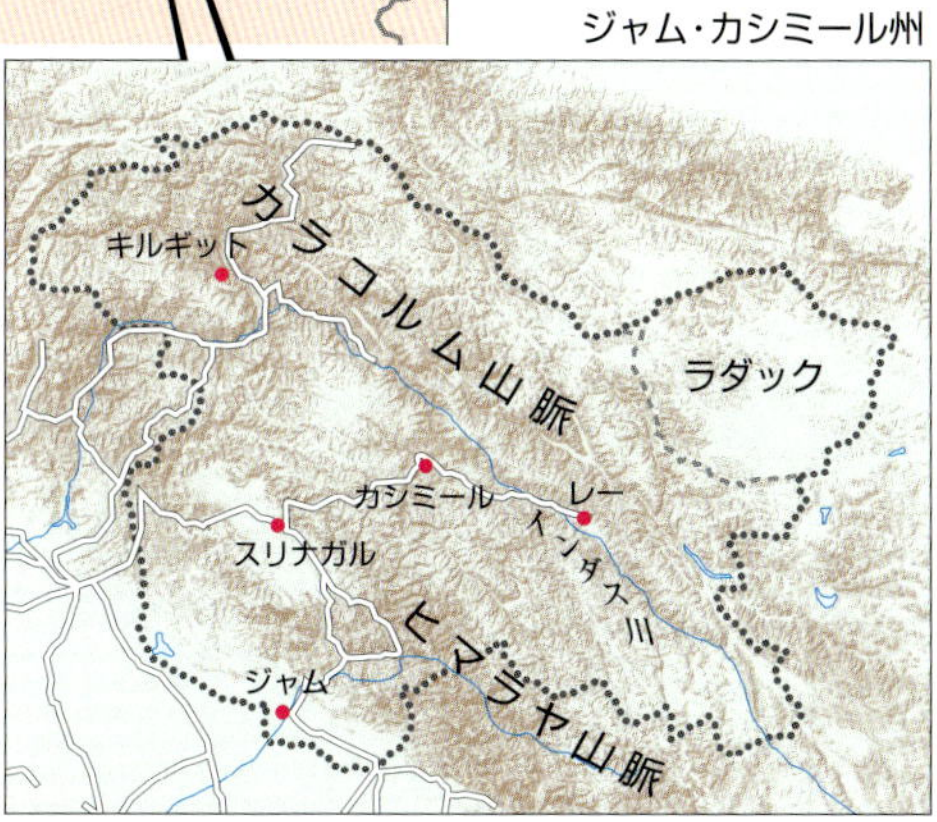

ジャム・カシミール州
カラコルム山脈
キルギット
ラダック
カシミール
レー
インダス川
スリナガル
ヒマラヤ山脈
ジャム

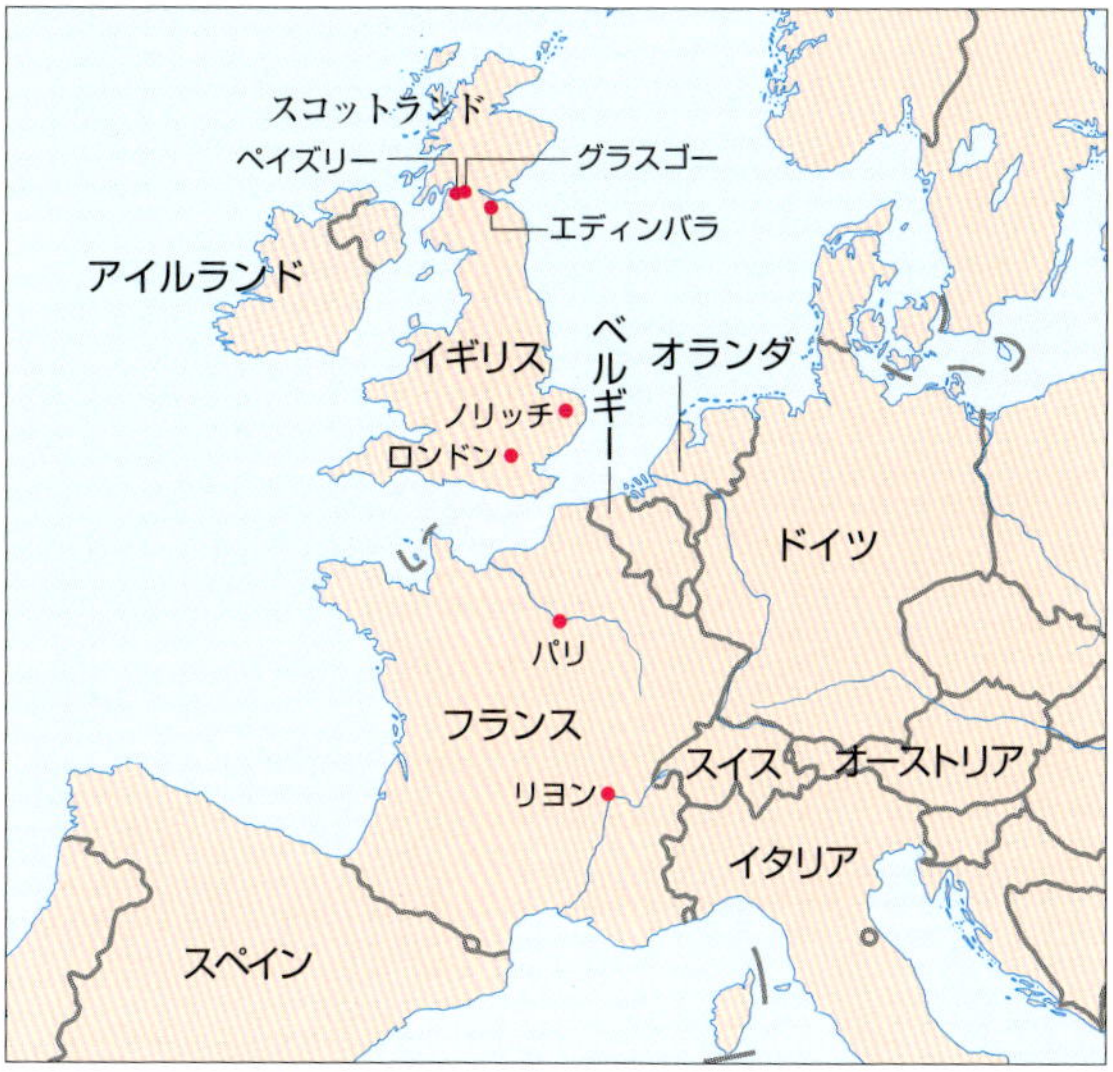

スコットランド
ペイズリー
グラスゴー
エディンバラ
アイルランド
イギリス
ベルギー
オランダ
ノリッチ
ロンドン
ドイツ
パリ
フランス
スイス
オーストリア
リヨン
イタリア
スペイン

■関連年表（茶色で示した項目はショールに関連する項目）

	紀元前	1～14世紀	15世紀	16世紀	17世紀	18世紀	1800	1810
					（インド、1526～1858）			
							（インド、1801～46）	
カシミール（インド）	前三世紀中頃、マウリヤ朝アショーカ王により仏教が伝えられ、ストゥーパ（仏塔）が建立される。	五世紀頃、ヒンドゥー教国となり、ヒンドゥー文化の中心地として栄える。 七世紀、玄奘三蔵が『大唐西域記』で当時のカシミールの様子を書き記す。 十四世紀初めのモンゴル人の侵攻後、ヒンドゥー支配が終わり、以後次第にイスラム文化圏となる。	ザイヌル・アービディーン（一四二三～七四）がショール織の技術をトルキスタンからカシミールに導入。	一五八六年、ムガル朝第三代アクバル帝（在位一五五六～一六〇五）がカシミールに侵入。避暑地として夏の宮殿を造営しインフラ整備を行うなど安定した時代をもたらし、ショールが産業の中心となる。	《ムガル朝期（一五八六～一七五三）》 サファヴィー朝ペルシアとの文化交流が盛んになる。ペルシア文化が流入し、ペルシア語が公用語となる。ミニアチュールが発達。 カニカール（一続きに織るショール）が作られる。 十六世紀後半～十七世紀前半にかけてペイズリー文様の最初期の形式があらわれる。	《アフガン期（一七五三～一八一九）》 一七五二年アフガニスタンのドゥッラーニー朝アフマド・シャー・アブダーリー（一七二三―一七七三）が侵入、ムガル朝からパンジャブとカシミールを割譲させ支配下におく。圧制を恐れた多くのカシミール人が国外に逃亡。 ショール産業にも重税が課せられ職人たちを苦しめる。	一八〇三年、アムリカール（刺繍によるショール）が作られる。 十九世紀初め、ティリカール（はぎ合わせショール）が作られ始め、以後一般的になる。	十八世紀末～十九世紀前半、ムーンショールが作られる。
				サファヴィー朝（イラン、1501～1736）				
イラン・アフガニスタン・中央アジア				イスマーイール一世（在位一五〇一～二四）によりサファヴィー朝創始 幾何学文様、植物文様などが愛好される。		十八世紀半ば、アフガニスタン王国が独立。 アフガニスタンのドゥッラーニー朝君主シャー・ジュジャー・アル＝ムルク（在位一八〇三～〇九）、前王に追放され一八一二～一三年にかけカシミールに幽閉される。		
ヨーロッパ					この頃から次第にカシミールから染織品がヨーロッパに輸出されるようになる。	一七六〇年、イギリスで産業革命始まる。 一七七九年、ミュール紡績機が発明される。 一七八五年、力織機が発明される。	一八〇〇年頃までにヨーロッパとのショール貿易が定着する。 一八〇四年、フランスでナポレオンが皇帝に即位し、第一帝政始まる。	一七九五～一八二五年、エンパイアスタイル。薄地のシュミーズ・ドレスが流行。防寒のためカシミールショールを羽織る。 一八一四年、ウィーン会議。 一八一八年、ジャカード機によるショール製作が始まる。

1900～	1890	1880	1870	1860	1850	1840	1830	1820
					ムガル朝			
						シク王国		
一九四七年、インド・パキスタン分離独立後、カシミールはインド領とパキスタン領に分断され現在に至る。			一八七七～七八年、カシミールで大飢饉。これ以降ショール産業は衰退の一途を辿る。 一八七七年、英領インド成立	一八六〇年代、ドルカ（両面織）が作られる。 一八六〇年代以降、ヨーロッパにショール製作の市場を奪われる。	一八五〇年、フランス人仲買人が初めてカシミールを訪れる。以後デザイン面でヨーロッパの介入が強まる。 一八五八年、東インド会社解散、イギリスのインド直接統治始まる。ムガル帝国滅亡する。	《ドグラ期（一八四六～七七）》 一八四六年、カシミールはイギリス東インド会社に帰属し、イギリス統治時代が始まる。 同年ジャム地方の藩王グラブ・シングがカシミールを同社より購入。ヒンドゥー教徒の藩王に支配される藩王国となり封建的な支配が続く。	災害と飢饉によりカシミールの人口が四分の一に激減、ショール産業は大打撃を受ける。	《シク期（一八一九～一八四六）》 一八一九年、ランジート・シング（一七八〇～一八三九）によりカシミールはシク王国の支配下におかれる。
カージャール朝（イラン、1796 ～ 1925）								
		一八八〇年代、イランに化学染料が導入される。			一八五六年、ロシアの援助を受けてアフガニスタンがイランに侵攻する。	一八四〇年代、イランではヨーロッパスタイルのジャケットとズボンが導入される。		一八二五～五〇年頃、イランにおけるショール生産が活発になり、カシミール製ショールと競合するようになる。
			一八七〇～七一年、普仏戦争が勃発。フランスのショール市場が閉鎖する。 一八七〇～九〇年、バッスルスタイル。後ろ腰をふくらませるドレスが流行し、ショールが次第に使われなくなる。	一八六七年、第二回パリ万国博覧会。	一八五一年、第一回ロンドン万国博覧会。 一八五〇～七〇年、クリノリンスタイル。広がったスカートを長方形大型のショールでおおう。カシミールからの輸入が従来の二倍に膨らみ、市場は活況を呈す。 一八五四年、クリミア戦争始まる。 一八五五年、第一回パリ万国博覧会。 一八五〇年代後半、ジャカード機の改良が進みシャル・オー・カール（四分の一ショール）の技法が考案される。 リヨン、ペイズリーでショールは大量生産されるようになり、カシミールショールの輸入市場は縮小した。		一八三七年、ヴィクトリア女王即位。 フランス、産業革命期に入る。 リヨンで織物工の暴動起きる。	一八二五～四五年、ロマンティックスタイル。ほっそりしたウエストを強調するため正方形ショールを三角にたたんで羽織る。

■用語解説　英語、仏語以外はカシミールの現地語で、そのほとんどがペルシア語に由来する。

素材

アースリトゥース　Asli tus　tus は wool のことで、カシミールショール用の最高級のカシミヤ山羊の柔毛(うぶ毛、にこ毛)。寒冷なヒマラヤ山地の野生ヤギが春先に岩や潅木にこすり付けて抜け落ちた毛を採集したもので、その量はごくわずかであった。

アンテロープ　Antelope　チベットに生息する野生のチベットカモシカ。チルーとも呼ぶ。その柔毛は最高級のショール素材とされるが、射殺によって得るので絶滅が危惧されワシントン条約によって守られている。

カシミヤ　Kashmere　カシミヤ山羊の柔毛(1 頭から 150 ～ 250g 採取される)、またはそれを素材とする製品。

シャートゥース　Shah tus　king's wool の意で、アースリトゥースなど最高級のカシミールショールの素材のこと。今日では主としてアンテロープの柔毛を指す。それらで指輪に通るほど薄く軽く織ったショールを Ring shawl（英）と呼ぶ。

パシミナ　Pashmina　カシミヤ山羊の冬に生え春に脱落する柔毛、またはそれで織ったショール。繊維の直径はおよそ 14～16 μ。ペルシア語の「毛」を意味する pashm に由来する。カシミヤと同義語。

カシミヤ山羊　Kashmere goat (学名 Capra hircus Laniger)　中国北西部(内モンゴル自治区・新疆ウイグル自治区・チベット自治区)、ネパールのヒマラヤ地域、モンゴル、イランなどに生息し、繊維素材としてその柔毛の細さや光沢、柔らかさ、保温性が高く評価されている。カシミールではショール用にチベットや中央アジアから輸入していた。

文様

ボテ　Bothe　花をつけた潅木。ペイズリー文様のカシミールやイランでの呼称。インドではブータ Buta とも呼ばれた。

ペイズリー　Paisley(英)　イギリス、スコットランドの都市で、ヨーロッパ製カシミールショールの一大産地。ボテに代ってカシミールショールの文様を指すようになった。

コーン　Pine cone(英)　ペイズリーのモチーフは、イギリスではその形からコーン(松かさ)、マンゴーなどと呼ばれた。

パルム　Palme（仏）　棕櫚。ペイズリーのモチーフは、フランスでは棕櫚が枝葉を広げた形が多く見られたことからパルムと呼ばれた。

技術

アームリカル　Amlikar　刺繍ショール。

絵緯紋織　Lancé(仏)　織物の耳から耳まで全幅にわたって通される絵緯が紋様を作る。絵緯は紋様のところで表にあらわれ、紋様に必要ない絵緯は裏で浮く。この裏の浮糸は大抵切り取られる。ジャカードを用いたヨーロッパ製ショールの主な織り方。

カニカル　Kanikar　色の境目の緯糸を互いに絡み合わせ、2/2 綾組織綴織で全体が一続きに織られたカシミールショール。完成まで多くの時間がかかる。

ジャカード　Jaquard(仏)　19 世紀初めにフランスのリヨンで発明された、従来の空引機に代わる紋織物用織機。ヨーロッパ製ショールは主としてジャカードで織られた。

シングルインターロック　Single interlock(英)　綴織の色の境目で緯糸が絡み合う輪の中に折り返す糸が 1 本だけ入る。両面織に用いられる。

ダブルインターロック　Double interlock(英)　綴織の色の境目で緯糸が絡み合う輪の中に折り返す糸が 2 本入る。輪の部分は裏面にあらわれ表面にひびかない。

綴織　Tapestry weave(英)　緯の色糸が文様に必要な部分にのみ織り込まれ、色の境目で折り返される。普通、綴織は平組織で織るが、カシミールショールは 2/2 綾組織を用い色の境目の緯糸を互いに絡み合わせるところに特徴がある。

ティリカル　Tilikar　綴織で織られた部分をよせ集めはぎ合わせたカシミールショール。分業により製作日数を減らすことができる。

トジュリ　Tojli　緯糸を巻きつける先の尖った細長い棒で、カシミールショールに緯糸を通す時用いる。緯糸の色ごとに数百本も用いる。

ドルカ　Doruka　2 面の意で、両面が表として使える綴織のショールで、輪郭に刺繍を施すことが多い。両面織のこと。

2/2 綾組織　2/2 Twill weave(英)　経糸が緯 2 越の上に浮いて次に緯 2 越の下に沈む綾組織(斜文組織)。

パッチワークショール　Patchwork shawl(英)　部分をはぎ合わせた織りや刺繍のショール。

ショール

シャル　Shal　1枚の布のこと。shawlの語源となった。

チャンダール　Chandar　ムーンショールのこと。

ムーンショール　Moon shawl(英)　正方形のショールで、中央に円形文、4 隅に 4 分の 1 円形文が置かれる。

パトゥカ　Patka　長くて幅の狭いショールで男性用腰帯。

■参考文献

横地治男「アジア博物館・井上靖記念館所蔵　ペルシャ錦」アジア博物館・井上靖記念館　1997

鷲見東観「カシミールの歴史と文化」アポロン社　1970

畠中光享 編集「インド染織美術　畠中光享コレクション」京都書院　1993

平山美知子「カシミール織　平山コレクション」講談社　1984

モニク・レヴィ＝ストロース「カシミア・ショール—歴史とデザイン—」平凡社　1988

図録「ペイズリー文様の展開—カシミアショールを中心に—」渋谷区松濤美術館　1993

図録「ヴィクトリア＆アルバート美術館展　インド宮廷文化の華」NHKきんきメディアプラン　1993

図録「平山コレクション１　カシミール毛織錦」シルクロード研究所　2000

図録「第５期　平山郁夫コレクション展　カシミール—織りと刺繍の世界—」（財）神奈川国際交流財団　2007

B. Schmitz, *Islamic Manuscripts in the New York Public Library*, New York and Oxford, 1992.

B. N. Goswamy, *Indian Costumes. in the Collection of the Calico Museum of Textiles*, Historic Textiles of India at the Calico Museum, Ahmedabad, 1993.

F. Ames, *The Kashmir Shawl, and its Indo-French Influence*, United Kingdom, 1997.

J. Irwin, *Victoria & Albert Museum, The Kashmir Shawl*, London, 1973.

J. & S. Gluck, *A Survey of Persian Handicraft, A Pictorial Introduction to the Contemporary Folk Arts and Art Crafts of Modern Iran*, Tehran, 1977.

M. Lévi-Strauss, *Cachemire*, London, 1986.

M. Lévi-Strauss, *Cachemires Parisiens 1810-1880*, Musée Galliera, 1998.

Textile Arts of India, Kokyo Hatanaka Collection, United States, 1996.

Nimes et le chale, La collection du musée du Vieux Nimes, Nimes, 1988.

美術館紹介

平山郁夫シルクロード美術館

平山郁夫シルクロード美術館は、日本画家平山郁夫による絵画作品約二五〇点と、平山郁夫・美知子夫妻が四十年にわたって収集してきたシルクロードの美術品を展示している。平山郁夫は画業のかたわらアフガニスタンやカンボジア、中国などシルクロード周辺諸国の文化財保護を訴え、また夫人と共にシルクロードの美術品および学術資料の収集にも力を注いできた。当館所蔵のシルクロード・コレクションは、西はローマから東は日本まで、ヨーロッパ、西アジア、中央アジア、東アジア、約三十七ヶ国の地域で作られた古代から現代に至る絵画、彫刻、工芸品など約九、〇〇〇点からなる。平山郁夫シルクロード美術館ではこれらの貴重な文化遺産の展示、保存のほか、講演会や体験教室など教育普及活動に取り組んでいる。

アクセス

電　車●新宿駅(JR中央本線特急・約2時間)⇒小淵沢駅(JR小海線・7分)⇒甲斐小泉駅

自動車●小淵沢ICより約10分。八ヶ岳高原ライン小荒間交差点を右折後、踏切を越えてすぐ左折後300m

『八ヶ岳高原リゾートバス』
JR小淵沢駅から当館をつなぐバスが運行しています。
周辺の観光施設とともにお楽しみいただけます。
詳しくは、当館ホームページをご覧ください。

〒408-0031
山梨県北杜市長坂町小荒間 2000-6
TEL:0551-32-0225
http://www.silkroad-museum.jp

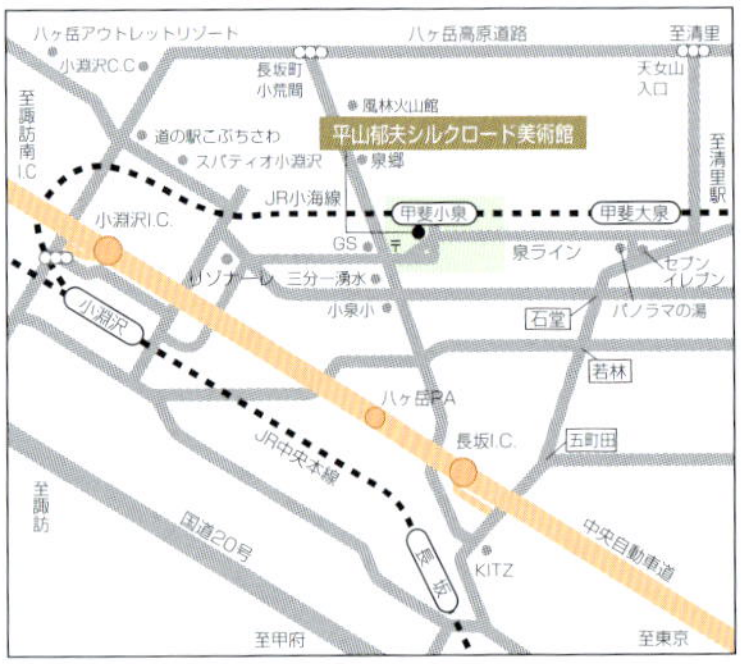

■執筆者紹介（執筆順）

平山　美知子　　平山郁夫シルクロード美術館館長
大塚　裕一　　平山郁夫シルクロード美術館学芸員
道明　三保子　　文化女子大学名誉教授
清水　邦保　　カシミヤ・キャメルヘア工業会アジア担当代表
堀内　美和　　平山郁夫シルクロード美術館学芸員
荒井　やよい　　文化女子大学文化ファッション研究機構客員研究員
井原　眞子　　平山郁夫シルクロード美術館学芸員
桝屋　友子　　東京大学東洋文化研究所教授
平山　東子　　平山郁夫シルクロード美術館学芸員

■写真撮影

平山美知子　　（カシミールの現地写真のすべて。1981年、83年撮影）
舟橋　豊　　平山郁夫シルクロード美術館研究員

■資料整理

平山　弥生　　平山郁夫シルクロード美術館研究員

■協力

水口　俊彦　　(財)毛製品検査協会獣毛鑑定センター長

■図版出典

M. Levi-Strauss, *Cachemires Parisiens 1810-1880*, Musée Galliera, 1998. ‥‥‥ 55下右，73下

カシミールショール　変化《へんか》するペイズリー文様《もんよう》
2010年3月 5 日　　1版1刷　印刷
2010年3月15日　　1版1刷　発行
監　修：道明三保子
編　者：平山郁夫シルクロード美術館
発行者：野澤伸平
発行所：株式会社　山川出版社
〒101-0047　東京都千代田区内神田1-13-13
電話　03（3293）8131（営業）　8134（編集）
http://www.yamakawa.co.jp
振替　00120-9-43993
製作・印刷・製本：株式会社　アイワード
装　幀：菊地信義

Printed in Japan　ISBN978-4-634-64825-8